पत्रकारिता के युग निर्माता
मनोहर श्याम जोशी

पत्रकारिता की प्रामाणिक पुस्तकें

- भारतीय इलेक्ट्रॉनिक मीडिया
- आर्थिक पत्रकारिता
- पत्रकारिता का आपात्काल
- राजनीतिक पत्रकारिता
- खेल पत्रकारिता
- विज्ञान एवं प्रौद्योगिकी संचार
- हिंदी पत्रकारिता शब्द-संपदा कोश

'पत्रकारिता के युग निर्माता' शृंखला

- माधवराव सप्रे
- माखनलाल चतुर्वेदी
- शिवपूजन सहाय
- महात्मा गांधी
- भीमराव आंबेडकर
- मदन मोहन मालवीय
- हेमंतकुमारी देवी चौधरी
- स.ही. वात्स्यायन 'अज्ञेय'
- महावीर प्रसाद द्विवेदी
- बनारसीदास चतुर्वेदी
- गणेश शंकर विद्यार्थी
- बाबूराव विष्णु पराडकर
- पदुमलाल पुन्नालाल बख्शी
- बालकृष्ण शर्मा 'नवीन'
- हनुमान प्रसाद पोद्दार
- मनोहर श्याम जोशी
- मूलचंद्र अग्रवाल और कृष्णानंद गुप्त
- राहुल बारपुते
- धर्मवीर भारती
- राजेंद्र माथुर
- प्रभाष जोशी
- बालमुकुंद गुप्त
- अंबिका प्रसाद वाजपेयी, लक्ष्मण नारायण गर्दे, अशोकजी और योगेंद्रपति त्रिपाठी
- मायाराम सुरजन और कर्पूर चंद्र कुलिश

पत्रकारिता के युग निर्माता
मनोहर श्याम जोशी

प्रभात रंजन

आ नो भद्राः क्रतवो यंतु विश्वतो

प्रभात प्रकाशन, दिल्ली
ISO 9001 : 2008 प्रकाशक

माखनलाल चतुर्वेदी राष्ट्रीय पत्रकारिता एवं संचार विश्वविद्यालय की स्वतंत्र भारत में भारतीय भाषाओं की पत्रकारिता शोध परियोजना के अंतर्गत प्रकाशित

प्रकाशक • **प्रभात प्रकाशन**
4/19 आसफ अली रोड,
नई दिल्ली–110002
संस्करण • प्रथम, 2013

मूल्य • एक सौ पचहत्तर रुपए
मुद्रक • भानु प्रिंटर्स, दिल्ली

PATRAKARITA KE YUG NIRMATA : MANOHAR SHYAM JOSHI
by Prabhat Ranjan Rs. 175.00
Published by Prabhat Prakashan, 4/19 Asaf Ali Road, New Delhi-2
e-mail: prabhatbooks@gmail.com ISBN 978-93-5048-256-8

आमुख

विश्वविद्यालय ने सन् 2005 में 'स्वतंत्र भारत में भारतीय भाषाओं की पत्रकारिता' के अनुशीलन की महत्त्वाकांक्षी शोध परियोजना प्रारंभ की थी। इस परियोजना के स्वरूप, कार्यविधि एवं लक्ष्य सुनिश्चित करने के कार्य में देश भर के वरिष्ठ विद्वानों, साहित्यकारों, संपादकों एवं प्राध्यापकों के विद्वत्परामर्श को आधार बनाया गया था। शोध परियोजना इस अर्थ में विशिष्ट है कि इसका अधिकांश कार्य हिंदी पत्रकारिता से संबंधित होने के साथ-साथ अन्य भारतीय भाषाओं की पत्रकारिता को सम्मिलित करने की विवेक सम्मत पहल की गई है।

परियोजना का स्वरूप बहुआयामी है। पत्रकारिता और मीडिया के क्षेत्र में हिंदी माध्यम की पाठ्य सामग्री के अभाव को देखते हुए स्तरीय और मानक पुस्तकों की रचना भी एक लक्ष्य है। इस क्रम में हिंदी पत्रकारिता के राज्यवार इतिहास का शोधपरक लेखन कराया गया है। मूर्धन्य संपादकों के पत्रकारीय अवदान का नई पीढ़ी से साक्षात्कार कराने के पुनीत उद्देश्य से उन पर मोनोग्राफ की रचना का कार्य परियोजना का विशेष रेखांकनीय आयाम है। पत्रकारिता का शब्द संपदा कोश, हिंदी पत्र-पत्रिका संदर्भ कोश तथा हिंदी मानक वर्तनी जैसे ग्रंथों का प्रणयन शोध परियोजना की विशिष्ट उपलब्धि हैं।

मुझे यह कहते हुए संतोष और खुशी है कि श्री अच्युतानंद मिश्र की पहल पर और श्री विजयदत्त श्रीधर के निर्देशन में संचालित शोध परियोजना के

अंतर्गत शोधपरक मानक ग्रंथों के लेखन–प्रकाशन का जो कार्य किया गया है, वह सर्वथा अनूठा और स्पृहणीय है।

मुझे पूरा विश्वास है कि परियोजना के अंतर्गत प्रकाशित ग्रंथ विद्यार्थियों, अध्यापकों, मीडिया संस्थानों तथा जिज्ञासु पाठकों के लिए उपयोगी सिद्ध होंगे।

—बृजकिशोर कुठियाला
कुलपति

इतिहास संरक्षण का विनम्र प्रयास

माखनलाल चतुर्वेदी राष्ट्रीय पत्रकारिता एवं संचार विश्वविद्यालय की महापरिषद् का यह संकल्प था कि स्वतंत्रता के बाद से भारतीय भाषाओं में पत्रकारिता के विस्तार और प्रभाव, उसकी प्रवृत्तियों और उपलब्धियों, उसकी कमियों और कमजोरियों का विश्वसनीय विश्लेषण, प्रामाणिक दस्तावेज के रूप में लिपिबद्ध किया जाए। विश्वविद्यालय के इस प्रकल्प का शुभारंभ 30 मई, 2005 को भारत के तत्कालीन उपराष्ट्रपति एवं विश्वविद्यालय के कुलाध्यक्ष (विजिटर) श्री भैरोसिंह शेखावत ने किया था। मध्य प्रदेश के राज्यपाल और मुख्यमंत्री के साथ-साथ उत्तर प्रदेश तथा छत्तीसगढ़ के मुख्यमंत्रियों सहित देश भर के लब्धप्रतिष्ठ पत्रकार, शिक्षाविद् और साहित्यकार, शोध की इस अभिनव परियोजना के शुभारंभ के साक्षी बने थे। हमारे आमंत्रण पर देश भर से अनेक विद्वान् शोधार्थियों ने अपने योगदान से एक विस्मृत और उपेक्षित इतिहास का संकलन, विश्लेषण और संपादन पूर्ण किया है। इसी क्रम में अपने दौर के प्रमुख हिंदी समाचार-पत्रों, लोकप्रिय पत्रिकाओं के विशेष अध्ययन का ऐतिहासिक महत्त्व का कार्य भी कराया गया है। हिंदी पत्रकारिता के विलुप्तप्राय शब्दों को संकलित कर एक वृहद् शब्द संपदा कोश और अद्यतन हिंदी पत्रकारिता संदर्भ कोश का निर्माण तथा हिंदी समाचार-पत्रों के लिए मानक वर्तनी तैयार कराने का काम इस शोध परियोजना की महती उपलब्धियाँ हैं। महापरिषद् के इस संकल्प को मूर्तरूप देने में जुटे इस वृहद्

शोध परियोजना के सुयोग्य निदेशक श्री विजयदत्त श्रीधर एवं उनके समर्पित सहयोगियों की गहरी संलग्नता श्लाघनीय है।

भारतीय पत्रकारिता का इतिहास अथक संघर्षों और संकटों से जूझने की लंबी कहानी है। इसे अनेकानेक स्वनामधन्य पत्रकारों और संपादकों ने अपने खून-पसीने से सींचा है। आज पत्रकारिता का जो भव्य भवन दृष्टिगोचर होता है, जो कलश चमकते हैं, उसकी नींव के पत्थर और प्राण-प्रतिष्ठा के शिल्पी वही पुरखे हैं जिन्होंने पत्रकारिता का विशाल फलक रचा। उसमें सरोकार के भाव भरे, संघर्ष का जज्बा पैदा किया, मर्यादा की लक्ष्मण-रेखा खींची और जवाबदेही के मान-मूल्य गढ़े। जिस पत्रकारी विरासत पर बाद की पत्रकार पीढ़ी गर्व करती है, उन्हें अपनी जड़ों से जुड़ने के लिए पुरखों की कष्ट-साधना, नैतिक बल और मानसिक बुनावट से भलीभाँति अवगत होना ही चाहिए। इस प्रसंग में हमें संपादकाचार्य रुद्रदत्त शर्मा के लिए लिखी गई ये पंक्तियाँ बरबस याद आती हैं—

जिए जब तक लिखे खबरनामे।
चल दिए हाथ में कलम थामे।

हमारे पुरखे योद्धा पत्रकारों का जीवन इसी जिजीविषा का दूसरा नाम है। इसी उद्देश्य को ध्यान में रखकर निश्चय किया गया कि हिंदी पत्रकारिता के ऐसे शीर्षस्थ पुरोधा संपादकों के व्यक्तित्व एवं कृतित्व को मोनोग्राफ के रूप में सामने लाया जाए जिन्होंने अपनी उत्कृष्ट संपादन-दृष्टि से हिंदी-पत्रकारिता के आदर्श एवं उज्ज्वल प्रतिमान गढ़े हैं। इसी शृंखला की एक कड़ी मनोहर श्याम जोशी पर लिखा गया यह मोनोग्राफ है।

प्रख्यात उपन्यासकार, पटकथा लेखक मनोहर श्याम जोशी पत्रकारिता के प्रति विशेष मोह के कारण अच्छी खासी सरकारी नौकरी छोड़कर अपने समय की प्रतिष्ठित समाचार-विचार पत्रिका 'दिनमान' से जुड़ गए। अज्ञेय और रघुवीर सहाय के सान्निध्य में कार्य करते हुए उनकी पत्रकारिता को ठोस एवं विस्तृत आयाम मिला। बाद में उन्होंने 16 वर्षों तक प्रसिद्ध पत्रिका 'साप्ताहिक हिंदुस्तान' का संपादन किया और अपने उत्कृष्ट संपादकीय कौशल

से इसे अत्यंत लोकप्रिय पारिवारिक पत्रिका बना दिया। उनका समूचा पत्रकारीय लेखन किसी वाद विशेष या कि राजनीतिक विचारधारा का पिछलग्गू/पोषक नहीं था, अपितु उसमें मानवीय एवं सामाजिक सरोकारों का स्वर प्रबल एवं चुटीला था। पत्रकारिता के क्षेत्र में आ रहे तकनीकी परिवर्तनों को उन्होंने खुलेमन से स्वीकारा। आर्थिक साम्राज्यवाद और विश्व की एक ध्रुवीय व्यवस्था पर उन्होंने निरंतर प्रहार किए। श्री जोशी ने हिंदी में लोकप्रिय विज्ञान लेखन को भरपूर प्रोत्साहन दिया और स्वयं भी विज्ञान विषयों पर कलम चलाई। धारदार और राजनीतिक व्यंग्य लेखन ने उन्हें विशिष्ट पहचान दी।

श्री प्रभात रंजन ने श्री मनोहर श्याम जोशी के व्यक्तित्व एवं कृतित्व का प्रभावी परिचय इस मोनोग्राफ में सँजोया है।

हमें विश्वास है कि विश्वविद्यालय द्वारा मूर्धन्य पत्रकार-संपादकों की इस मोनोग्राफ श्रृंखला से पत्रकार जगत् और पत्रकारिता के विद्यार्थी लाभान्वित होंगे और विरासत की इस समृद्ध परंपरा को आगे बढ़ाने की दिशा में प्रवृत्त होंगे।

—अच्युतानंद मिश्र
कुलपति
माखनलाल चतुर्वेदी राष्ट्रीय पत्रकारिता
एवं संचार विश्वविद्यालय, भोपाल

अनुक्रमणिका

मनोहर श्याम जोशी

व्यक्तित्व

मनोहर श्याम जोशी के प्रथम उपन्यास 'कुरु कुरु स्वाहा' में उनके परिचय में लिखा है कि वे एक ऐसे लेखक थे, जिन्होंने रचना और व्यक्ति दोनों स्तरों पर अलग से पहचान बनाई। सचमुच हिंदी के लेखकों-पत्रकारों में उनका व्यक्तित्व सबसे अलग दिखाई देता है। पत्रकारिता में आने से पहले स्कूल में अध्यापन, सरकारी दफ्तर में क्लर्क की नौकरी कर चुके थे। भारत सरकार के सूचना विभाग में अधिकारी की हैसियत से उन्होंने फिल्म्स डिवीजन में काम किया। हिंदी के पहले समाचार साप्ताहिक 'दिनमान' में अज्ञेयजी के साथ सहायक संपादक के रूप में काम किया। बाद में करीब पंद्रह सालों तक हिंदुस्तान टाइम्स समूह की हिंदी पत्रिका 'साप्ताहिक हिंदुस्तान' का संपादन किया। अपने संपादन में व्यावसायिक पत्रिका का उन्होंने एक ऐसा मानक तैयार किया, जिसमें गंभीरता के लिए भी पर्याप्त जगह थी।

वे ऐसे संपादक थे जो अपने स्तंभों के लिए भी याद किए जाते हैं। 'साप्ताहिक हिंदुस्तान' में भी उन्होंने अनेक स्तंभ लिखे, जो पाठकों के बीच लोकप्रिय भी हुए। इस संदर्भ में उनके अत्यंत लोकप्रिय स्तंभ 'नेताजी कहिन' का उल्लेख किया जा सकता है। अस्सी के दशक में लेखक के रूप में उन्होंने विशिष्ट पहचान बनाई। 'कुरु कुरु स्वाहा', 'कसप' जैसे उपन्यासों के प्रकाशन के साथ उनकी गणना हिंदी के आरंभिक उत्तर-आधुनिक उपन्यासकारों में की जाने लगी। उपन्यास अगर उनके लेखन का एक आयाम था तो उनकी

लेखकीय प्रतिभा को दूसरा आयाम टेलीविजन धारावाहिकों के लेखक के रूप में मिला। उनको निर्विवाद रूप से टेलीविजन धारावाहिकों का आरंभिक पटकथाकार कहा जाता है। 'हमलोग' उनका लिखा पहला धारावाहिक था, जो संयोग से भारतीय टेलीविजन पर प्रसारित होनेवाला पहला धारावाहिक बना। इसके बाद उन्होंने रमेश सिप्पी निर्देशित 'बुनियाद' की पटकथा लिखी। इन दोनों धारावाहिकों की लोकप्रियता ने उन्हें सफलता और प्रसिद्धि की बुलंदियों पर पहुँचा दिया।

मनोहर श्याम जोशी ने अनेक फिल्मों के लिए पटकथा और संवाद-लेखन का काम किया। यहाँ उन्हें अपेक्षित सफलता नहीं मिली। इसका एक कारण शायद यह भी है कि सिनेमा में पूरी तरह निर्देशक ही माध्यम होता है और उसमें लेखक की कहानी को निर्देशक अपने किसी खास कोण से सिनेमा में ढालता है और इस क्रम में लेखक का संदेश कई बार कहीं पीछे छूट जाता है। 'हे राम', 'भ्रष्टाचार', 'पापा कहते हैं' उनकी लिखी कुछ ऐसी फिल्में हैं, जिनकी चर्चा की जा सकती है।

इसके अलावा, सिनेमा की डबिंग या रूपांतरण के क्षेत्र में उनका अत्यंत महत्त्वपूर्ण योगदान है, जिसके बारे में लोगों को अधिक जानकारी नहीं है। एक भाषा से दूसरी भाषा में जब किसी फिल्म को डब किया जाता है तो उसमें लेखक की भूमिका बहुत महत्त्वपूर्ण मानी जाती है। डबिंग में मूल रूप से 'लिपसिंक' (अधर संचालन) सबसे महत्त्वपूर्ण होता है—अगर तमिल भाषा में संवाद बोलने के लिए अभिनेताओं के होंठ खुले हैं तो हिंदी में डब करते समय लेखक को उन्हीं खुले होंठों पर हिंदी के शब्द रखने पड़ते हैं। वैसे शब्द जिनके वही मायने हों, जो तमिल में बोले गए शब्द के हों, इसे ही 'लिपसिंक' कहा जाता है। प्रसिद्ध फिल्म अभिनेता-निर्माता-निर्देशक कमल हासन के लिए जोशीजी ने अनेक फिल्मों को तमिल से हिंदी में डब किया। जिनको हिंदी-भाषी दर्शकों से पर्याप्त सराहना भी मिली। 'अप्पूराजा', 'मेयर साहब', 'अभय' फिल्में मूल रूप से तमिल भाषा में बनाई गई थीं, जोशीजी ने उनको हिंदी में डब किया। गौरतलब है कि डबिंग के लिए लेखक का भाषा और भाषा-प्रयोगों का ज्ञान बहुत मायने रखता है। अस्सी-नब्बे के दशक में जब

वे डबिंग का काम कर रहे थे तो इस विशिष्ट कार्य में भी उनकी गणना चोटी के लेखकों में की जाती थी।

मनोहर श्याम जोशी का व्यक्तित्व बहुआयामी कहा जा सकता है। उनके इस बहुआयामी व्यक्तित्व का केंद्रीय आयाम लेखन था। उनको एक ऐसे लेखक के रूप में याद किया जाएगा, जो अनेक माध्यमों में लेखन की कसौटी पर खरे उतरे। यही कारण है कि हिंदी पत्रकारों-लेखकों में उनका व्यक्तित्व सबसे अलग दिखाई देता है। वे एक ऐसे पत्रकार थे, जिनका पत्रकारिता और साहित्य से समान नाता रहा।

पारिवारिक पृष्ठभूमि

पत्रकार, उपन्यासकार, कथाकार, पटकथा-लेखक मनोहर श्याम जोशी, 9 अगस्त, 1933 को अजमेर (राजस्थान) में पैदा हुए। वे मूलतः कुमाऊँनी ब्राह्मण थे। उनके पिता प्रेम बल्लभ जोशी वहाँ शिक्षा विभाग में उच्चाधिकारी थे। अपने जमाने में उनके पिता की ख्याति शिक्षाविद्, संगीतविद् आदि विविध रूपों में थी और शिक्षाविद् के बतौर उनको अंग्रेजों से 'रायसाहब' की उपाधि भी मिली थी। डॉ. नगेंद्र संपादित 'हिंदी साहित्य का इतिहास' में श्री प्रेम बल्लभ जोशी का उल्लेख हिंदी में विज्ञान की आरंभिक पुस्तक 'ताप' के लेखक के रूप में आता है। अपनी एक भेंटवार्त्ता में जोशीजी ने विस्तार से बताया कि किस तरह उनके पिता की छवि एक हरफनमौला के रूप में बनी थी। यद्यपि उनका देहांत कम उम्र में ही हो गया था, लेकिन उन्होंने अनेक क्षेत्रों में ख्याति अर्जित की। पिताजी के देहांत के समय इनकी आयु मात्र आठ वर्ष थी।

उस भेंटवार्त्ता में उन्होंने बताया है कि "अपने पिता को मैं एक अनुपस्थिति के रूप में ही जानता हूँ। एक ऐसी अनुपस्थिति, जिसे मैंने उनके बारे में अपनी चंद यादों से, घर में उपलब्ध उनके चित्रों से और दूसरों से सुनी सुनाई बातों से दूर करने की कोशिश की है।" पिता की एक ऐसी छवि उनके अंदर बनी रही जो अनेक रूपों में उनकी रचनाओं के माध्यम से साकार होती रही।

मनोहर श्याम जोशी ने अपनी अनेक भेंटवार्त्ताओं में इस बात को

स्वीकार किया है कि उनके रचनात्मक जीवन पर उनकी माँ रुक्मिणी जोशी का गहरा प्रभाव रहा है। अपने इंटरव्यू में माँ को याद करते हुए उन्होंने कहा है कि हालाँकि मेरी माँ कभी स्कूल नहीं गईं, लेकिन मुझे अपने बुनियादी साहित्य-संस्कार और तेवर उनसे विरासत में मिला है। उनको पढ़ने की इतनी ललक थी कि उन्होंने भाइयों को देख-देखकर अक्षर ज्ञान प्राप्त किया। धार्मिक ग्रंथ ही नहीं, उपन्यास भी वे बड़े चाव से पढ़ती थीं। शरत साहित्य, रवींद्र साहित्य, चंद्रकांता, सरस्वती सीरीज की किताबें हमारे घर में हुआ करती थीं। अपनी माँ के बारे में उन्होंने 'रघुवीर सहाय : रचनाओं के बहाने स्मरण' में भी लिखा है।

जोशीजी के ननिहाल का माहौल साहित्यिक था। उनके एक मामा लक्ष्मीदत्त जोशी बांग्ला साहित्य का हिंदी में अनुवाद करते थे। उनके अनेक अनुवाद उस समय की प्रतिष्ठित पत्र-पत्रिकाओं में प्रकाशित हुए। उन्होंने 'जवाकुसुम' नामक एक उपन्यास भी लिखा था और हिंदी साहित्य के कुछ इतिहासों में उसको हिंदी का आरंभिक उपन्यासकार भी कहा गया है। कम उम्र में ही पिता की मृत्यु हो जाने के कारण उनको ननिहाल में रहने का अवसर काफी मिला, जिससे बचपन से ही उनके अंदर गहरे साहित्यिक संस्कार पैदा हुए।

उनके बड़े भाई देवीदत्त जोशी का देहांत भी पिता की तरह कम उम्र में ही हुआ। अपने जीवन-काल में उन्होंने दो-एक कहानियाँ भी लिखी थीं। अपने बड़े भाई को याद करते हुए जोशीजी ने एक भेंटवार्त्ता में बताया है कि पिता के बारे में उनको सबसे अधिक जानकारी अपने बड़े भाई से ही प्राप्त हुई। उनके बड़े भाई अपने पिता और पूर्वजों को लेकर वृहद् उपन्यास लिखना चाहते थे। असमय मृत्यु हो जाने के कारण उनकी योजना अधूरी रह गई। उनकी कहानियाँ प्रकाशित भी हुई थीं। अपने जीवन में दो बार उन्होंने पत्रकार की हैसियत से काम भी किया था।

मनोहर श्याम जोशी की बड़ी बहन भगवती जोशी की भी कुछ रचनाएँ पत्र-पत्रिकाओं में प्रकाशित हुई थीं। उनके बारे में जोशीजी ने अपनी भेंटवार्त्ता में बताया है कि आज भी अगर वह भूले-भटके कोई पत्र लिख देतीं तो घर

में सब लोग उसे लपक-लपककर पढ़ते। जोशीजी के ताऊजी और छोटे चाचाजी की रचनाएँ भी प्रकाशित हुईं। कहने का तात्पर्य यह है कि पढ़ने-लिखने की उनके परिवार में समृद्ध परंपरा थी। वह भी उस जमाने में, जब फालतू किताबें पढ़ना उतना ही खराब समझा जाता था। ऐसे परिवार में पले-बढ़े होने के कारण ही शायद युवावस्था में ही जोशीजी के ऊपर लेखक बनने का नशा सवार हुआ होगा।

प्रेरणा और परिस्थितियाँ

बचपन में पिता के गुजर जाने के कारण उनको आरंभ से ही प्रतिकूल परिस्थितियों में जीना पड़ा। उनके पिता की समाज में बड़ी प्रतिष्ठा थी। उन्हें रायबहादुर की उपाधि मिली थी। ऐसे पिता के पुत्र होने के बावजूद आठ साल की उम्र से ही उनको अभावों में जीना पड़ा। बचपन से ही रिश्तेदारों के यहाँ रहना पड़ा और एक ऐसी जिंदगी जीनी पड़ी, जिसमें वह सम्मान नहीं था जो कि रायबहादुर प्रेम बल्लभ जोशी के पुत्र होने के कारण उनको प्राप्त होना चाहिए था। प्रसंगवश, इस तरह के अभावग्रस्त जीवन जीनेवाले पात्र उनके अनेक उपन्यासों के कथा-नायक हैं, जैसे उनके दूसरे उपन्यास 'कसप' का कथानायक डी.डी. या उनके उपन्यास 'क्याप' का कथा नायक। वैसे जोशीजी ने अपनी एक भेंटवार्त्ता में अपनी रचनाओं के आत्मचरितात्मक होने की बात को पूरी तरह नकारते हुए कहा था कि 1951 में लिखी मेरी पहली कहानी 'नीली आस्टिन' अपने पिता के नीले रंग की आस्टिन गाड़ी के बारे में थी। यह मेरी पहली और आखिरी ऐसी रचना थी, जो पूरी तरह आत्मचरितात्मक थी। ऐसी प्रतिकूल परिस्थितियों में भी उनको रचनात्मक प्रेरणाएँ और प्रोत्साहन मिलते रहे। लेखन की आरंभिक प्रेरणाओं की चर्चा करते हुए अपनी भेंटवार्त्ता में उन्होंने बताया है, "इसके बावजूद कि उनके घर में बड़ा साहित्यक माहौल था, खुद उनकी साहित्य में कोई रुचि नहीं थी। वे ज्यादातर ज्ञान-विज्ञान की ही पुस्तकें पढ़ते थे। विज्ञान के ऐसे विद्यार्थी थे, जो भविष्य में वैज्ञानिक बनने का सपना देखते थे। जब नौवीं कक्षा के छात्र थे तो पुरस्कारस्वरूप उन्हें अज्ञेय का उपन्यास 'शेखर एक जीवनी' मिला और हिंदी उपन्यास से यही उनका पहला परिचय था।" प्रसंगवश

बाद में मनोहर श्याम जोशी को पत्रकारिता के क्षेत्र में काम करने का पहला बड़ा मौका अज्ञेय के कारण ही मिला। मनोहर श्यामजी अपनी रचनाओं के पीछे छपे परिचय में अज्ञेय का उल्लेख अकसर अपने गुरु के रूप में करते रहे।

लिखना तो उन्होंने हाईस्कूल के दिनों से ही आरंभ कर दिया था। पर उनका आरंभिक लेखन साहित्यिक नहीं था। लेखन संबंधी आरंभिक प्रेरणाओं के क्रम में एक प्रसंग उन्होंने अपनी भेंटवार्त्ता में यह बताया है, 'जब वे हाईस्कूल में पढ़ते थे तो एक दिन अपने छोटे चाचा के यहाँ रात के खाने का आमंत्रण उन्होंने अस्वीकार कर लिया। चाचा ने कारण पूछा तो उन्होंने डर पर एक निबंध लिखकर दे दिया। इस निबंध की अंतिम पंक्तियाँ थीं—इसलिए सज्जनो मैं डर के नतीजे के डर से सबसे ज्यादा घबराता हूँ। साथ में बिगड़ी हुई हाफपैंट का चित्र था। उसे पढ़कर उनके कथाकार चाचा ने यह फतवा दिया कि एक दिन यह लड़का अवश्य लेखक बनेगा।'

लेखन संबंधी आरंभिक प्रेरणाओं के संदर्भ में अपनी भेंटवार्त्ता में उन्होंने एक और प्रसंग का उल्लेख किया है। जोशीजी जब इंटरमीडिएट के छात्र थे तो एक दिन अपने अंग्रेजी के अध्यापक से कहा, 'आप निबंध लिखने के अकसर पिटे-पिटाए विषय देते हैं। आप ऐसे विषय देते हैं, जिसे हम लाइब्रेरी में बैठकर किसी निबंध की किताब से उतार सकें।' उनके अध्यापक मिस्टर के. स्वेयरा ने उन्हें चुनौती दी कि तुम्हें जो विषय पसंद हो, उसी पर निबंध लिखकर लाओ। उन्होंने 'ऑन माइसेल्फ' विषय पर निबंध लिखा और अपने अध्यापक के पास ले गए। निबंध को पढ़ने के बाद मिस्टर के. स्वेयरा ने उनकी कॉपी पर लिख दिया—'तुम एक दिन अवश्य लेखक बनोगे।'

बहरहाल, इन आरंभिक प्रोत्साहनों के बावजूद जोशीजी को लेखन, विशेषकर साहित्य लेखन अधिक आकर्षित नहीं कर सका। वे विज्ञान के सजग विद्यार्थी थे और विज्ञान के विषयों में इंटरमीडिएट की परीक्षा पास करके उन्होंने लखनऊ विश्वविद्यालय में बी.एस-सी. में दाखिला लिया। वे विज्ञान के अच्छे विद्यार्थी थे और लखनऊ विश्वविद्यालय में विज्ञान-लेखन की एक प्रतियोगिता होती थी, जिसमें सबसे अच्छा विज्ञान-लेख लिखनेवाले

विद्यार्थी को 'कल के वैज्ञानिक' पुरस्कार दिया जाता था। उन्होंने 'रोमांस ऑफ इलेक्ट्रॉन्स' निबंध लिखा और राज्य के तत्कालीन शिक्षा मंत्री संपूर्णानंद के हाथों इनको यह पुरस्कार मिला।

यह अलग बात है कि लखनऊ में कुछ इस तरह का प्रेरक माहौल मिला कि उनका झुकाव साहित्य-लेखन की ओर हुआ। लखनऊ विश्वविद्यालय के पुस्तकालय में बैठकर उन्होंने विश्व-साहित्य का अध्ययन आरंभ किया जिससे ज्ञान के नए-नए वातायन खुलने लगे। संस्मरणात्मक पुस्तक 'लखनऊ मेरा लखनऊ' में उन्होंने लेखन के लिए प्रेरित करनेवाले के रूप में लखनऊ विश्वविद्यालय में अपने साथ पढ़नेवाले एक मित्र सरदार त्रिलोक सिंह का उल्लेख किया है। एक बार वे अपने उस मित्र को किसी घटना के बारे में बता रहे थे, जिसे सुनकर उनके मित्र ने कहा कि 'जिस तरह तुम किसी घटना के बारे में बताते हो, अगर उसी तरह से उसे लिख दो तो वह कहानी बन जाएगी।' सरदार त्रिलोक सिंह ने उन्हें अमेरिकी लेखक विलियम सारोयां का कहानी-संग्रह लाकर पढ़ने को दिया। इसे पढ़कर उसकी प्रेरणा से उन्होंने अपनी पहली कहानी लिखी—'नीली आस्टिन'।

उनकी लिखी यह पहली कहानी किसी पत्र-पत्रिका में नहीं छपी। लेकिन जब उन्होंने अपनी दूसरी कहानी 'मैडिरा मैरून' लिखी तो लखनऊ लेखक संघ की गोष्ठी में उसका पाठ किया। कहानी वहाँ मौजूद लेखकों को पसंद आई। लखनऊ लेखक संघ ऐसा लेखक संघ था, जो सीधे-सीधे किसी दल से जुड़ा हुआ नहीं था। इसी कारण उसकी बैठकों में सभी तरह के लेखक आते थे। उसकी गोष्ठियाँ प्रसिद्ध उपन्यासकार यशपाल के घर पर होती थीं और उसमें भाग लेने लखनऊ में रहनेवाले प्रसिद्ध उपन्यासकार अमृतलाल नागर और भगवतीचरण वर्मा भी आते थे। वहाँ इन तमाम लेखकों की मौजूदगी में मनोहर श्याम जोशी ने अपनी कहानी का पाठ किया। उनकी कहानी में हास्य-व्यंग्य का पुट था।

अमृतलाल नागर को उनकी कहानी कुछ अधिक पसंद आई। गोष्ठी के बाद उन्होंने उनकी पीठ थपथपाई। अपनी पुस्तक 'लखनऊ मेरा लखनऊ' में जोशीजी ने अपने पहले गुरु के रूप में अमृतलाल नागर का उल्लेख किया

है। वास्तव में, अगर हम ध्यान से देखें तो जोशीजी के संपूर्ण लेखन पर अमृतलाल नागर का गहरा प्रभाव रहा है। नागरजी बंबई के सिने-जगत् में पटकथाकार थे। उन्होंने साहित्य-लेखन के लिए अपना सफल फिल्मी लेखक का कॅरियर छोड़ दिया था।

मनोहर श्याम जोशी ने अपनी एक भेंटवार्त्ता में बताया है कि कहानी-पाठ की उस घटना के बाद वे नागरजी के घर नियमित रूप से जाने लगे। नागरजी बोलकर उपन्यास लिखवाते थे। उन दिनों वे अपना बहुचर्चित उपन्यास 'बूँद और समुद्र' लिख रहे थे और इस उपन्यास के कुछ पन्ने उन्होंने जोशीजी को भी बोलकर लिखवाए थे। लिखाते-लिखाते नागरजी यह बताया करते थे कि अमुक पात्र अमुक शहर अमुक जाति या मोहल्ले का है, इसलिए इस तरह बोलता है। भाषा पर उनकी गहरी पकड़ थी। मनोहर श्याम जोशी की भाषा-शक्ति भी बेजोड़ है। अपने पहले उपन्यास 'कुरु कुरु स्वाहा' में उन्होंने हिंदी भाषा की अलग-अलग शैलियों की छटा दिखाई है कि किस तरह अलग-अलग गैर-हिंदी इलाकों में हिंदी बोली जाती है।

उनके दूसरे उपन्यास 'कसप' में कुमाऊँनी भाषा की शक्ति दिखाई देती है। उनके एक अन्य उपन्यास 'हमजाद' में हिंदी में उर्दू शैली दिखाई देती है। प्रसंगवश, अमृतलाल नागर की ही तरह जोशीजी ने स्वतंत्र रूप से व्यंग्य-लेखन किया और इस रूप में भी उन्होंने प्रसिद्धि पाई। 'साप्ताहिक हिंदुस्तान' में प्रकाशित उनका व्यंग्य-स्तंभ 'नेताजी कहिन' अपने धारदार व्यंग्य और नेताजी की बिहारी शैली के कारण काफी लोकप्रिय हुआ था। बाद में 'कक्काजी कहिन' नाम से इस स्तंभ के आधार पर धारावाहिक भी बना, जो विवादास्पद भी हुआ और लोकप्रिय भी। मनोहर श्याम जोशी भाषा और उसके प्रयोगों को लेकर अपने लेखन में लगातार प्रयोगशील रहे।

नागरजी के प्रभावों की चर्चा करते हुए अपनी एक भेंटवार्त्ता में उन्होंने कहा है कि नागरजी ने ही मुझे हिंदी भाषा की विविधताओं से परिचित करवाया। उन्होंने सबसे पहले इस बात का एहसास करवाया कि उर्दू की तरह हिंदी जबाँ भी आते-आते ही आती है। नागरजी ने उन्हें खड़ी बोली हिंदी अच्छी तरह सीखने की सलाह दी और इस सिलसिले में 'रानी केतकी

की कहानी', 'फसाना-ए-आजाद', 'उमराव जान', 'अदा' जैसी पुस्तकों का अध्ययन करने के लिए भी कहा। साथ ही अमृतलाल नागर ने उनको 'माधुरी' और 'सरस्वती' पत्रिका के पुराने अंक तथा हिंदी के आरंभिक निबंधकारों के संग्रह पढ़ने के लिए दिए। नागरजी ने उनको यह सलाह दी कि हिंदी शब्दकोश नियमित रूप से देखना चाहिए। इसका पालन वे आजीवन करते रहे। लेखन के उस आरंभिक दौर में नागरजी उनके लिए बहुत बड़े प्रेरणास्रोत रहे और आदर्श भी।

अपने पहले उपन्यास 'कुरु कुरु स्वाहा' में जोशीजी ने अपने परिचय में अमृतलाल नागरजी के अलावा गुरु के रूप में जिस दूसरे व्यक्ति का स्मरण किया है, वे हिंदी के मूर्धन्य लेखक अज्ञेय हैं। संस्मरणात्मक पुस्तक 'रघुवीर सहाय : रचनाओं के बहाने स्मरण' में मनोहर श्याम जोशी ने अज्ञेय के साथ अपने संबंधों के बारे में विस्तार से लिखा है। अपनी एक भेंटवार्त्ता में जब भेंटवार्त्ताकार ने उनसे यह प्रश्न किया कि अज्ञेय के शिष्यत्व में आपने क्या सीखा? अज्ञेय को गुरु कहने के क्या कारण हैं? जवाब में जोशीजी ने कहा, 'मुझे आधुनिक साहित्य की सारी समझ उनसे ही मिली। भाषा का आरंभिक ज्ञान अगर नागरजी ने करवाया तो उच्चतर ज्ञान उन्होंने दिया।...मैं उनका आधुनिक हरफनमौला शिष्य था। वे स्वयं भी हरफनमौला थे और फोटोग्राफी समेत तमाम विधाओं का बहुत अच्छा ज्ञान रखते थे। उन्हें मेरे हरफनमौलापन पर विश्वास था, इसीलिए वे मुझे 'दिनमान' में लाए और ज्यादातर जिम्मेदारी मुझ पर सौंप सके।'

जोशीजी के लेखन में लोकप्रियता और बौद्धिकता का अद्भुत समन्वय दिखाई देता है। भाषा का खिलंदड़ापन उन्होंने अगर नागरजी से सीखा तो भाषा के बौद्धिक प्रयोगों के पाठ अज्ञेयजी से सीखे। उपन्यास की कथा में एक स्तर पर एक व्यक्ति-विशेष के अंतरंग का वर्णन है, जिसमें यहाँ से वहाँ तक वह अपने मानस को अपने परीक्षण के लिए प्रस्तुत कर रहा है। इसमें नायक के त्रिस्तरीय चरित्र का चित्रण है। इसके प्रकाशन के बाद 1 नवंबर, 1980 के अंक में अजित कुमार की जोशीजी से बातचीत प्रकाशित हुई। उसमें अजित कुमार के एक प्रश्न के उत्तर में जोशीजी ने कहा 'इसे

पढ़कर मेरे एक रिश्तेदार ने कहा कि अज्ञेय के 'शेखर : एक जीवनी' की तरह तुम 'मनोहर : एक जीवनी' लिखने बैठा और वे 'मनोहर : एक मन:स्थिति' लिख गए।'

यह जानना दिलचस्प है कि जब तक मनोहर श्याम जोशी लखनऊ में रहे, कथा-लेखक के रूप में पहचान बनाने के लिए संघर्षरत रहे। 1953 में दिल्ली आने के बाद रघुवीर सहाय ने उनकी मुलाकात अज्ञेय से करवाई। अज्ञेय के संपर्क में आने के बाद उन्होंने कविताएँ लिखनी आरंभ कर दीं। 1953 से 1959 तक दिल्ली में रहने के दौरान वे कविताएँ ही लिखते रहे। अज्ञेयजी को उनकी कविताएँ पसंद भी आती थीं। इस संबंध में अपनी भेंटवार्त्ता में जोशीजी ने बताया है कि उस दौर में वे दो तरह की कविताएँ लिखते थे—एक तरह की कविताएँ बहुत लंबी होती थीं और दूसरी छोटी होती थीं। अज्ञेयजी को उनकी छोटी कविताएँ अधिक पसंद थीं और 'तीसरा सप्तक' में वे उन कविताओं को लेना चाहते थे। मनोहर श्यामजी चाहते थे कि उनकी बड़ी कविताएँ सप्तक के लिए ली जाएँ। इसलिए उन्होंने अज्ञेयजी को अपनी कविताएँ प्रकाशनार्थ नहीं दीं और 'तीसरा सप्तक' में उनकी कविताएँ आने से रह गईं। 'तीसरा सप्तक' की भूमिका में अज्ञेय ने लिखा भी है कि एक सज्जन ने अपनी कविताएँ नहीं दीं, इसलिए उनकी कविताएँ इसमें शामिल नहीं हो पाईं। प्रसंगवश मनोहर श्याम जोशी ने अपने उपन्यासों 'कुरु कुरु स्वाहा' और 'कसप' में अपनी कविताओं का बहुत सुंदर रचनात्मक उपयोग किया है।

अज्ञेय उनके लिए केवल प्रेरणापुरुष ही नहीं थे। दिल्ली आने के बाद आकाशवाणी में अनुबंध के आधार पर उनको पहली नौकरी अज्ञेय के कारण ही मिली और पत्रकारिता के क्षेत्र में पहला 'बड़ा ब्रेक' भी उनको अज्ञेयजी ने ही हिंदी के पहले समाचार साप्ताहिक 'दिनमान' के काम करने का अवसर देकर दिया।

संघर्ष

मनोहर श्याम जोशी को रचनात्मक और भौतिक दोनों स्तरों पर काफी

संघर्ष करना पड़ा। वैसे तो वे अपने पिता के छोटे पुत्र थे, लेकिन कम उम्र से ही उनके अंदर यह भाव बैठ गया कि घर की जिम्मेदारी उठानी है। इसका एक कारण तो शायद यह था कि इनके बड़े भाई देवीदत्त जोशी अपने जीवन में लगातार असफल होते रहे। इसी कारण इनके ऊपर कम उम्र में ही पारिवारिक जिम्मेदारियाँ आ गईं।

अपने संघर्ष के उन दिनों को याद करते हुए उन्होंने अपनी भेंटवार्त्ता में कहा है—'मेरे पिता की गिनती तब के मानकों के अनुसार रईसों में होती थी। घर में तब दो-दो कारें थीं। उनके गुजरते ही हम एक झटके के साथ आर्थिक दृष्टि से सिफर हो गए। कारण यह था कि ठाठ की जिंदगी जीनेवाले हमारे पिता विशेष कुछ छोड़ नहीं गए थे और मेरे भाई साहब तब मामूली क्लर्की कर रहे थे, जो उन्होंने सिर्फ इसलिए कर ली थी कि अफसर वर्ग के हमारे पिता के प्रति अपना विद्रोह जता सकें। बाद में उन्होंने नौकरी छोड़ दी और बीच-बीच में उनके बेरोजगार होने का सिलसिला चल निकला। इसके कारण हमारे घर में आर्थिक असुरक्षा का माहौल हो गया। इस आर्थिक असुरक्षा की भावना ने ही मुझे हमेशा लेखन से पैसा कमाते रहने के लिए बाध्य किया।'

मनोहर श्याम जोशी ने अपनी संस्मरणात्मक पुस्तकों 'लखनऊ मेरा लखनऊ', 'रघुवीर सहाय : रचनाओं के बहाने स्मरण', अपने प्रथम उपन्यास 'कुरु कुरु स्वाहा' सहित कई भेंटवार्त्ताओं में अपने संघर्ष के दिनों के बारे में काफी विस्तार से लिखा है। एक स्तर पर संघर्ष आर्थिक रूप से आत्मनिर्भर बनने का था, जिसका ऊपर संदर्भ भी आया है। दूसरे स्तर पर यह संघर्ष सामाजिक स्तर पर भी था। उनके पिता अपने समय में प्रतिष्ठित व्यक्ति थे। जब तक वे जीवित रहे, उनके परिवार का काफी मान-सम्मान था। उनकी माँ भी उच्च कुल में पैदा हुई थीं। इसके कारण कम उम्र में ही जोशीजी के मन में यह बात बैठ गई थी कि उनकी माँ जो इतने बड़े परिवार में पैदा हुईं, और इतने बड़े आदमी की विधवा थीं—उनको कितने बुरे दिन देखने पड़े। उनके लिए वह संघर्ष एक तरह से अपने परिवार की खोई हुई उस प्रतिष्ठा को वापस पाने का भी था।

इस संघर्ष की मजबूरी का दबाव मनोहर श्याम जोशी पर कई रूपों में दिखाई दिया। शायद यही दबाव था, जिसके कारण जोशीजी का वैज्ञानिक बनने का सपना अधूरा रह गया। बी.एस-सी. की पढ़ाई पूरी कर लेने के बाद आगे पढ़ाई करने की बजाय उनको आजीविका के लिए नौकरी करनी पड़ी। पहले लखनऊ में कुछ दिन क्लर्क की नौकरी और फिर बाद में कुछ महीने पहाड़ी कस्बे मुक्तेश्वर के एक स्कूल में अध्यापक की नौकरी। लेकिन इन नौकरियों में वे ज्यादा दिन टिके नहीं। छात्र-जीवन से ही उनका विद्रोही स्वभाव समय-समय पर सामाजिक मान्यताओं से विद्रोह भी करता रहा। वैसे यह भी सच्चाई है कि उन्होंने पारिवारिक जिम्मेदारियों से कभी मुँह नहीं मोड़ा।

संघर्ष के उन दिनों में लखनऊ विश्वविद्यालय में वे संयोगवश ही पढ़ने आए। पिता की मृत्यु के बाद उनका पालन-पोषण चाचाओं ने किया। जब उन्होंने इंटर की परीक्षा पास कर ली तो अभिभावकों ने उन्हें यह सुझाव दिया कि बनारस हिंदू विश्वविद्यालय जाकर सिविल इंजीनियरिंग में दाखिला ले लें। उन दिनों अंकों के आधार पर इंजीनियरिंग में दाखिला होता था और इंटर की परीक्षा में जोशीजी को इतने नंबर आए थे कि सिविल इंजीनियरिंग में आराम से प्रवेश मिल जाता। व्यावहारिक दृष्टि से उनके चाचाओं की यह सलाह उचित ही कही जा सकती थी कि वे इंजीनियरिंग की पढ़ाई पूरी करके घर की जिम्मेदारियों को सँभालने लायक बनें। उस समय इंजीनियरिंग के पेशे का बहुत सम्मान था।

चाचाओं के इस सुझाव के प्रति उन्होंने विद्रोह कर दिया। उन्होंने तर्क दिया कि इंजीनियरिंग एक भ्रष्ट पेशा है, जिसमें व्यक्ति पनप नहीं सकता। उन्होंने अपनी भेंटवार्त्ता में बताया है कि 'प्रेमचंद की कहानी 'सज्जनता का दंड' मैं पढ़ चुका था और तब उसका मेरे मन पर गहरा प्रभाव पड़ा था।' यही नहीं तब उन्होंने इस बात की जिद भी पकड़ ली कि वे भी उत्तर प्रदेश के ऑक्सफोर्ड कहे जानेवाले इलाहाबाद विश्वविद्यालय में पढ़ेंगे। जब वे इलाहाबाद विश्वविद्यालय में नामांकन करवाने पहुँचे तब तक काफी देर हो चुकी थी और नामांकन की तारीख निकल चुकी थी। लखनऊ में उनके पिता के एक छात्र सरकार में उपमंत्री थे। उन्होंने लखनऊ विश्वविद्यालय में उनका

नामांकन करवा दिया।

वैज्ञानिक बनने के सपने के साथ उन्होंने लखनऊ विश्वविद्यालय में दाखिला लिया। यह अलग बात है कि विद्यार्थी के रूप में लखनऊ में बिताए गए तीन-चार साल उनके जीवन के लिए निर्णायक साबित हुए। यहीं वे साहित्यकारों-पत्रकारों की संगत में आए और उन्होंने तय किया कि आगे साहित्यकार-पत्रकार के रूप में ही कॅरियर बनाना है।

लखनऊ विश्वविद्यालय के हबीबुल्ला हॉस्टल में रहते हुए वे कृष्ण नारायण कक्कड़, मुद्राराक्षस जैसे लेखकों के संपर्क में आए। रघुवीर सहाय से भी उनकी मित्रता लखनऊ विश्वविद्यालय में ही हुई। इन सबके साथ उठते-बैठते, लाइब्रेरी में बैठकर पढ़ते-पढ़ते उनकी छवि एक इंटैलेक्चुअल की बनने लगी। धीरे-धीरे उनके लेखक बनने का सपना रूपाकार लेने लगा और वैज्ञानिक बनने का सपना पीछे छूटता गया। आजादी के बाद देश की राजधानी दिल्ली साहित्य की राजधानी भी बनती जा रही थी। वास्तव में, 1953 में मनोहर श्याम जोशी लेखक बनने का सपना लिये दिल्ली आ गए। दिल्ली आकर उनके संघर्षों का अंत नहीं हुआ, बल्कि संघर्षों के एक नए दौर की शुरुआत हुई।

यह संघर्ष अपनी पहचान बनाने का था, अपने पैरों पर खड़े होने का था, आर्थिक रूप से सक्षम होने का था, जिससे कि माँ का जीवन सुविधापूर्ण बना सके। परिवार की उस खोई हुई प्रतिष्ठा को वापस पा सके। जिन लोगों ने जोशीजी के बहुचर्चित उपन्यास 'कसप' को पढ़ा है, उनको याद होगा कि उसके अनाथ कथानायक डी.डी. की आँखों में कुछ बनने का सपना है।

वह दौर देश की राजधानी दिल्ली में पत्रकारिता और साहित्य के क्षेत्र में भी नई-नई गतिविधियों का दौर था। नई-नई पत्र-पत्रिकाओं का प्रकाशन हो रहा था, नई-नई संस्थाएँ खुल रही थीं, बड़े पैमाने पर अनुवाद-कार्य हो रहे थे। आजकल जिस तरह से युवाओं में टी.वी. पत्रकारिता का जुनून सवार है उसी तरह उस दौर में आकाशवाणी के लिए काम करने का आकर्षण था। आकाशवाणी से उन दिनों अनेक साहित्यकार जुड़े थे। उदयशंकर भट्ट, प्रभाकर माचवे, भारतभूषण अग्रवाल, भवानी प्रसाद मिश्र, सत्येंद्र शरत, रघुवीर सहाय, गिरिजा

कुमार माथुर आदि अनेक लेखक आकाशवाणी के लिए काम कर रहे थे।

दिल्ली आने से पहले जोशीजी की तीन-चार कहानियाँ प्रकाशित हो चुकी थीं। हिंदी के प्रसिद्ध कवि सुमित्रानंदन पंत उन दिनों आकाशवाणी के सलाहकार नियुक्त हुए थे। मनोहर श्याम जोशी ने उनको मार्गदर्शन के लिए पत्र लिखा। पंतजी का पत्र आया, जिसमें उन्होंने दिल्ली आने पर उनको मदद का आश्वासन भी दिया। उन्होंने पत्र में जोशीजी को लिखा कि वे आकाशवाणी के दिल्ली केंद्र में उनको काम दिलाने का प्रयास करेंगे। इस पत्र में उनको संभावना की बड़ी डोर दिखाई दी और उसके सहारे ही उन्होंने दिल्ली जाने का निश्चय किया। उनको अपने ऊपर भरोसा था कि दिल्ली जाकर अपने लेखन के बल पर वे कमा सकते हैं।

लखनऊ में जोशीजी ने छिटपुट पत्रकारिता भी आरंभ कर दी थी। इसलिए वहाँ के कुछ पत्रकारों से उनकी कुछ जान-पहचान भी हो गई थी। पत्र-पत्रिकाओं में वे अंग्रेजी में भी लिखते थे, इसलिए कुछ अंग्रेजी पत्रकारों से भी उनका मिलना-जुलना हो जाता था। ऐसे ही एक पत्रकार ललित मोहन थपलियाल से उनकी अच्छी जान-पहचान हो गई थी। उनको हिंदुस्तान टाइम्स दिल्ली में नौकरी मिल गई थी और वे दिल्ली रहने जा चुके थे। अपनी एक भेंटवार्त्ता में मनोहर श्याम जोशी ने बताया है कि बिना थपलियालजी से पूछे या उन्हें बताए वे अपना बोरिया-बिस्तर लेकर सीधा उनके घर के पते पर पहुँच गए। वहाँ पहुँचने पर पता चला कि वे खुद किसी और के सरकारी क्वार्टर में एक कमरा लेकर रह रहे थे। बहरहाल, गरमियों के उन दिनों में जोशीजी को दिल्ली में संघर्ष के अपने शुरुआती दिन उसी क्वार्टर के बाहर खाट डालकर बिताने पड़े।

दिल्ली आकर उन्हें इस बात का एहसास हुआ कि काम का मिलना इस शहर में कितना मुश्किल होता है। सुमित्रानंदन पंत ने उनके पत्र के जवाब में उनको यह आश्वासन दिया था कि वे आकाशवाणी के दिल्ली केंद्र में उनके लिए नौकरी का प्रबंध कर देंगे। जब वे दिल्ली आने पर उनसे मिलने गए तो उन्होंने कहा कि 'ऐसा कोई आश्वासन उन्होंने नहीं दिया।' बेरोजगारी दूर करने के लिए उन्होंने सोचा कि 'सरिता' पत्रिका के लिए लिखकर कमाया

जाए। एक कहानी उन्होंने 'आईना और अभिसारिका' शीर्षक से लिखी और वहाँ भेज दी। लेकिन वह कहानी भी वहाँ से सखेद वापस आ गई। दिल्ली में उनके आरंभिक दिन काफी संघर्षपूर्ण रहे।

कुछ ही दिनों में वे ललित मोहन थपलियाल के घर से अपने एक दूर के रिश्तेदार के घर रहने के लिए आ गए। यहाँ आने के बाद नए सिरे से काम की तलाश आरंभ की। लखनऊ से आते समय पंतजी के आश्वासन के अलावा अपने लिए वे दो सिफारिशी पत्र भी लाए थे। एक पत्र राजनेता और पत्रकार फिरोज गांधी के नाम था। काफी दिनों तक चक्कर काटने के बाद उनको फिरोज गांधी से मिलने का अवसर मिला। फिरोज गांधी ने उनसे पूछा कि तुम किस विषय पर लिख सकते हो? जवाब में उन्होंने कहा कि मैं किसी भी विषय पर लिख सकता हूँ। फिरोज गांधी ने जोशीजी को तब इंडियन एक्सप्रेस समूह के अखबार 'जनसत्ता' के रविवारीय परिशिष्ट के संपादक चिरंजीत के पास भेज दिया। चिरंजीत ने इनको अलग-अलग उपनामों से अलग-अलग विषयों पर दस रुपए प्रति कॉलम के हिसाब से लिखने का काम दे दिया। जोशीजी ने अलग-अलग उपनामों से न केवल पत्रकारिता-जगत् में लिखा अपितु साहित्य में भी उन्होंने बहुत कुछ अपने उपनामों से लिखा। 'कूर्मांचली' उनका ऐसा ही उपनाम था और इस नाम से उन्होंने कविताएँ भी लिखीं।

संघर्ष के उन दिनों में लखनऊ के पुराने मित्र रघुवीर सहाय से भेंट हुई। रघुवीर सहाय उनके लिए काफी मददगार साबित हुए। 'रघुवीर सहाय : रचनाओं के बहाने स्मरण' नामक अपनी संस्मरणात्मक पुस्तक में उन्होंने रघुवीर सहाय के साथ अपनी मित्रता के उन दिनों को काफी आत्मीयता के साथ याद किया है। रघुवीर सहाय ने उनकी मुलाकात अज्ञेयजी से करवाई। अज्ञेयजी ने उनको अनुबंध के आधार पर आकाशवाणी में नौकरी दिलवा दी। दिल्ली में कई साल इसी नौकरी के सहारे काटे। करीब छह साल तक दिल्ली में पहचान बनाने और आजीविका पाने का उनका यह संघर्ष चला।

छह साल के बाद 1959 में मनोहर श्याम जोशी का चयन केंद्रीय सूचना सेवा के अधिकारी के रूप में हो गया। वे फिल्म्स डिवीजन मुंबई में काम

करने चले गए। सामाजिक मानकों के आधार पर यह कहा जा सकता है कि भारत सरकार की सूचना सेवा में प्रथम श्रेणी अधिकारी बनने के बाद मनोहर श्याम जोशी के गर्दिश के दिन पूरे हो गए। प्रसंगवश मुंबई के संघर्ष और अनुभवों को आधार बनाकर जब उन्होंने अपना पहला उपन्यास 'कुरु कुरु स्वाहा' लिखा तो उसमें कथानायक से उसके जीजाजी यह सवाल पूछते रहते हैं कि तुम्हारी फोर फीगर सैलरी हुई या नहीं। उस दौर में चार अंकीय तनख्वाह का मिलना मध्यवर्गीय मानकों के आधार पर सफलता का पर्याय माना जाता था।

उनके लिए रचनात्मकता के स्तर पर पहचान बनाने की चुनौती भी थी। दिल्ली आने के बाद छह सालों के दौरान उन्होंने कविताएँ अधिक लिखीं। 'कूर्मांचली' नाम से उनकी कविताएँ उस समय की सभी प्रतिष्ठित पत्र-पत्रिकाओं में छपीं। लेकिन अपने जीवनकाल में इन कविताओं का कोई संचयन उन्होंने प्रकाशित नहीं करवाया। लेखक-पत्रकार के रूप में पहचान बनाने के जिस संकल्प के साथ वे लखनऊ से दिल्ली आए थे वह अधूरा ही था। करीब चार साल तक फिल्म्स डिवीजन में काम करने के बाद उनको यह बात समझ में आ गई कि सरकारी नौकरी में रचनात्मकता के लिए कोई अवकाश नहीं है। वे लगातार ऐसे अवसर की तलाश में लगे रहे, जिसमें उनकी रचनात्मकता संतुष्ट हो सके।

इसका अवसर भी उनको जल्दी ही मिल गया। टाइम्स ऑफ इंडिया समूह ने 'दिनमान' नाम से हिंदी में प्रथम समाचार साप्ताहिक के प्रकाशन की योजना बनाई। संपादक अज्ञेय बनाए गए। अज्ञेय ने उनको इस बात के लिए राजी कर लिया कि वे सरकारी नौकरी छोड़कर सहायक संपादक के रूप में 'दिनमान' में काम करने आ जाएँ। सरकारी नौकरी से इस्तीफा देकर वे दिल्ली आ गए। यह उनके लंबे और सफल पत्रकारिता जीवन का आरंभ था। लंबे संघर्ष के बाद पत्रकार बनने की उनकी महत्त्वाकांक्षा पूरी हुई। 1967 में 34 साल की उम्र में 'साप्ताहिक हिंदुस्तान' के संपादक बनने के बाद कहा जा सकता है कि संपादक बनने का उनका सपना तो पूरा हो गया, किंतु लेखक के रूप में उनका संघर्ष जारी रहा।

उपलब्धियाँ

उनकी उपलब्धियाँ मूलत: लेखक के रूप में हैं—अनेक विधाओं, अनेक माध्यमों के एक सशक्त लेखक के रूप में। अपनी इस लेखन-यात्रा का आरंभ उन्होंने कथा-लेखक के रूप में किया और अपने जीवन के उत्तरार्द्ध में हिंदी के आरंभिक उत्तर-आधुनिक उपन्यासकार के रूप में उनको गिना जाने लगा। इसलिए उपलब्धियों की इस चर्चा का आरंभ उनकी साहित्यिक उपलब्धियों से ही करते हैं।

मनोहर श्याम जोशी को साहित्य में वास्तविक कीर्ति 1980 में प्रकाशित उपन्यास 'कुरु कुरु स्वाहा' से मिली। इसके प्रकाशन के समय की साहित्यिक पत्र-पत्रिकाओं में इसको लेकर जो चर्चाएँ हुईं, उनने उनके साहित्यिक-जीवन को ही एक नया मोड़ दिया। इस उपन्यास के प्रकाशन से हिंदी उपन्यासों में एक नया मोड़ आया। साहित्य-लेखन की उन्होंने अपनी एक ऐसी विशिष्ट शैली बनाई, जिसमें बौद्धिकता के साथ-साथ पठनीयता का भी समावेश है। विशिष्ट भाषा-शैली, विभाजित नायक की परिकल्पना, प्रगल्भा नायिका— इस उपन्यास की गणना ऐसे ही कुछ विशेष गुणों के कारण हिंदी के श्रेष्ठ उपन्यासों में की जाती है।

1982 में प्रकाशित 'कसप' मनोहर श्याम जोशी का दूसरा उपन्यास है। इस उपन्यास की गणना हिंदी के बहुपठित उपन्यासों में की जाती है। निश्चित रूप से यह हिंदी के श्रेष्ठ प्रेम-उपन्यासों में से एक है। सिनेमा की पटकथा की शैली में लिखी गई इस प्रेम-कहानी में पहाड़ी कस्बे का रोमांच भी है, अल्हड़ता भी है, बौद्धिकता भी है, जीवन संबंधों की मीमांसा भी है।

इसी तरह उनके परवर्ती उपन्यासों 'हरिया हरक्यूलीज की हैरानी', 'हमजाद', 'टटा प्रोफेसर', 'क्याप', 'कौन हूँ मैं' (मरणोपरांत प्रकाशित) को लेकर भी यह बहस होती रही है कि ये उत्तर-आधुनिक शैली के उपन्यास हैं। उत्तर-आधुनिक समाज की जटिलताओं को उद्घाटित करने का काम उनके उपन्यासों ने किया है। अनेक-अनेक पाठों वाली कथा, पारंपरिक किस्सागोई के साथ अपने समय-समाज में हो रहे परिवर्तनों को समझने की एक गहरी

बेचैनी उनके उपन्यासों में दिखाई देती है। 2006 में उपन्यास 'क्याप' के लिए उन्हें साहित्य अकादेमी का पुरस्कार भी प्राप्त हुआ।

आरंभ से ही मनोहर श्याम जोशी ने साहित्यिक और व्यावसायिक लेखन किया। व्यावसायिक लेखक के रूप में भी उनकी उपलब्धियाँ यादगार कही जा सकती हैं। भारतीय टेलीविजन में सोप ऑपेरा या धारावाहिकों की आरंभ-कथा का संबंध मनोहर श्याम जोशीजी से जोड़कर देखा जाता है। 1984 में दूरदर्शन पर प्रसारित होनेवाले 'हमलोग' नामक धारावाहिक को टेलीविजन का पहला प्रायोजित धारावाहिक माना जाता है। कहा जाता है कि 'हमलोग' ने देश में धारावाहिकों को ही लोकप्रिय नहीं बनाया, टेलीविजन की लोकप्रियता में भी इसका बहुत बड़ा योगदान माना जाता है। यह कहा जा सकता है कि साहित्यिक-लेखन, विशेषकर उपन्यासों के कारण उनको बौद्धिक समाज में प्रतिष्ठा मिली तो इस टेलीविजन धारावाहिक के प्रसारण ने उनको घर-घर के लेखक के रूप में स्थापित कर दिया।

विशेषज्ञों का मानना है कि 'हमलोग' ने अगर भारत के दर्शकों को टेलीविजन-माध्यम की संभावनाओं से परिचित करवाया तो उनके द्वारा लिखित दूसरे धारावाहिक 'बुनियाद', जिसे प्रसिद्ध फिल्म 'शोले' का निर्देशन करनेवाले रमेश सिप्पी ने निर्देशित किया था, ने टेलीविजन-माध्यम की सशक्तता का एहसास कराया। 'बुनियाद' में भारत-पाकिस्तान विभाजन की कहानी है। इसमें विभाजन के पहले का जीता-जागता लाहौर है तो विभाजन के बाद बसनेवाली दिल्ली का दिल भी है। अगर रामायण-महाभारत जैसे पौराणिक धारावाहिकों को छोड़ दें तो 'बुनियाद' को भारतीय टेलीविजन के सबसे सफल धारावाहिकों में गिना जाता है।

टेलीविजन के लिए लिखे गए मनोहर श्याम जोशी के लिखे कमोबेश सभी धारावाहिकों को दर्शकों ने पसंद भी किया। 'मुंगेरीलाल के हसीन सपने', 'हमराही', 'कक्काजी कहिन', 'जमीन आसमान', 'गाथा' जैसे कुछ प्रमुख धारावाहिकों की पटकथाएँ जोशीजी ने लिखीं। इन धारावाहिकों की कहानियाँ घर-घर चर्चा का विषय बनीं। 'कक्काजी कहिन' जैसे कुछ धारावाहिक अपने राजनीतिक तेवर के कारण विवाद का विषय बने। उनके

लिखे धारावाहिकों का स्वर केवल मनोरंजन-प्रधान ही नहीं होता, पर उनमें 'उचित उपदेश का मर्म' भी होता था।

'हमलोग' धारावाहिक में मध्यवर्गीय-परिवार की कहानी कही गई है। इस धारावाहिक के मूल में 'छोटा परिवार सुखी परिवार' का संदेश निहित था। 'कक्काजी कहिन' टेलीविजन पर प्रसारित होनेवाला पहला राजनीतिक-व्यंग्य धारावाहिक था। टेलीविजन धारावाहिकों के इस आरंभिक लेखक के बारे में यह जानना दिलचस्प है कि उनके ज्यादातर धारावाहिक दूरदर्शन के दौर में ही बने और प्रसारित हुए। जब केबल टीवी का दौर आया, बाजार की ओर से बने-बनाए फॉर्मूलों को ध्यान में रखकर धारावाहिक लिखने का दबाव आया, धारावाहिक-कथाओं में विविधता कम होने लगी तो जोशीजी ने धारावाहिक लिखने से संन्यास ले लिया। केबल चैनल के लिए उन्होंने एकमात्र धारावाहिक लिखा स्टार प्लस पर प्रसारित होनेवाला 'गाथा'। इस धारावाहिक में एक हिंदू और एक मुसलमान परिवार की कहानी के माध्यम से आजादी के पचास सालों की कथा है। इसका निर्देशन 'बुनियाद' के निर्देशक रमेश सिप्पी ने किया था। इसके बाद उन्होंने किसी केबल चैनल के लिए कोई धारावाहिक नहीं लिखा।

टेलीविजन-धारावाहिकों के लेखक के रूप में मनोहर श्याम जोशी को अनेक पुरस्कार भी मिले। 'अपट्रान' पुरस्कार, 'ओनिडा पिनेकल लाइफटाइम अचीवमेंट अवार्ड' उनमें से कुछ प्रमुख पुरस्कार हैं। धारावाहिक-लेखक के रूप में उन्होंने लेखकीय पहचान और सम्मान के साथ कोई समझौता नहीं किया। संख्या के लिहाज से देखें तो करीब पंद्रह सालों में इस माध्यम के लिए उन्होंने छह-सात धारावाहिक ही लिखे। धारावाहिक-लेखन उनके लिए एक तरह से साहित्यिक-लेखन का विस्तार ही था। इस माध्यम में उनको बड़े कैनवास पर विस्तार के साथ कथा कहने का अवसर मिला और इस अवसर का उन्होंने सार्थक उपयोग करने का सफल प्रयास किया।

व्यावसायिक लेखक के रूप में उनकी उपलब्धियाँ केवल टीवी माध्यम तक ही नहीं सीमित हैं। पटकथा-संवाद लेखक के रूप में अनेक फीचर फिल्मों से भी उनका नाम जुड़ा। कहा जा सकता है कि व्यावसायिक लेखक

के रूप में जैसी सफलता उनको टेलीविजन-माध्यम में मिली, फिल्मों के पटकथा-लेखक के रूप में वह प्रसिद्धि नहीं मिली। लेकिन इसमें कोई संदेह नहीं कि सिनेमा के कुछ श्रेष्ठ निर्देशकों के लिए फिल्में लिखकर उन्होंने अपनी एक विशेष पहचान बनाई।

पत्रकार के रूप में उनकी उपलब्धियों की चर्चा किए बिना उनकी उपलब्धियों की यह चर्चा अधूरी ही रहेगी। वे मूलतः पत्रकार थे। किसी बेहतर नौकरी में आने से पहले करीब दस वर्षों तक जोशीजी ने स्वतंत्र पत्रकारिता की थी। एक तरह से यही उनकी आजीविका रही। साहित्य-लेखन में तो वे बीच-बीच में विराम देते रहे, मगर पत्रकारिता से बतौर लेखक उनका संबंध आजीवन बना रहा। मरने से कुछ दिनों पहले तक 'आउटलुक साप्ताहिक' में वे नियमित कॉलम लिख रहे थे।

मनोहर श्याम जोशी के वास्तविक पत्रकार-जीवन का आरंभ तब हुआ जब हिंदी की पहली समाचार-पत्रिका 'दिनमान' में उनको पहले मुख्य उप-संपादक और बाद में सहायक संपादक के रूप में काम करने का अवसर प्राप्त हुआ। बाद में 1967 में जोशीजी हिंदुस्तान टाइम्स समूह की पत्रिका 'साप्ताहिक हिंदुस्तान' के संपादक बने। करीब पंद्रह वर्ष तक इस पत्रिका का उन्होंने संपादन किया। अपने समय में इस पत्रिका ने साहित्यिक, सूचनात्मक और लोकप्रिय हर तरह की पत्रकारिता के मानदंड स्थापित किए।

'साप्ताहिक हिंदुस्तान' ने एक तरफ सिनेमा और क्रिकेट विशेषांकों की शुरुआत की तो मोहन राकेश, शिवानी समेत हिंदी के अनेक लेखकों के उपन्यास भी धारावाहिक रूप में प्रकाशित हुए और दिनकर के संस्मरण भी छपे। हिंदी में नियमित रूप से विज्ञान-विषयक लेख भी इस पत्रिका के पन्नों पर प्रकाशित हुए। उस दौर की जिन दो पारिवारिक पत्रिकाओं को प्रतिमान के रूप में याद किया जाता है, उनमें 'धर्मयुग' के साथ 'साप्ताहिक हिंदुस्तान' का नाम प्रमुखता से लिया जाता है।

हिंदी के अलावा अंग्रेजी पत्रकारिता में भी उनका योगदान रहा है। हिंदुस्तान टाइम्स समूह के अंग्रेजी साप्ताहिक 'वीकएंड रिव्यू' का भी उन्होंने करीब दो साल तक संपादन किया। आजकल खान-पान की पत्रकारिता,

लाइफस्टाइल पत्रकारिता का अंग्रेजी पत्रकारिता में चलन बढ़ा है। इस तरह की पत्रकारिता की शुरुआत 'वीकएंड रिव्यू' के पन्नों पर ही हुई। लेकिन वे अधिक दिनों तक इस पत्रिका का संपादन नहीं कर पाए। 1984 में एक बार फिर स्वतंत्र लेखन करने के लिए सक्रिय पत्रकारिता को अलविदा कह दिया। इसके बाद बतौर लेखक तो वे समय-समय पर पत्रकारिता करते रहे, मगर नियमित पत्रकारिता से दूर रहे। पहले इक्कीस वर्ष की अवस्था में पत्रकारिता-लेखन करने के लिए उन्होंने नौकरी छोड़कर दिल्ली की दिशा पकड़ी थी। इस बार करीब 51 साल की उम्र में उन्होंने लेखक के रूप में अपनी स्थायी छवि बनाने के लिए संपादक की नौकरी से त्यागपत्र दे दिया और आजीवन कलम के मजदूर बने रहे।

□

आधार—लेखक द्वारा मनोहर श्याम जोशी से लिए गए साक्षात्कार

पत्रकारिता का आरंभिक दौर

इस यशस्वी संपादक ने पत्रकारिता का आरंभ कब किया? किन परिस्थितियों में किया? उनसे जब एक भेंटवार्त्ता के दौरान मैंने यह सवाल किया तो जवाब में उन्होंने बड़ी सहजता से बताया था कि पत्रकारिता का आरंभ उन्होंने पत्र-पत्रिकाओं में लेखन से किया और लेखन का आरंभ विशुद्ध आर्थिक मजबूरियों के कारण हुआ।

पिछले अध्याय में इस बात की चर्चा हो चुकी है कि उनके पिता की मृत्यु बचपन में ही हो गई थी और माँ के पास भी जमा-पूँजी नहीं थी। जोशीजी का परिवार भी छोटा नहीं था। अपने सहोदरों के बारे में उन्होंने ज्यादा कहीं लिखा भी नहीं और भेंटवार्त्ताओं में उनके बारे में ज्यादा कुछ बताने से भी वे कतराते रहे। वे चार भाई-बहन थे। हॉस्टल में उनके पास पैसा समय पर नहीं पहुँच पाता था। ऐसे में लेखन कमाई का स्रोत हो सकता है, इसका पता उनको लखनऊ में आकर ही चला। लखनऊ से तब अनेक पत्र-पत्रिकाओं का प्रकाशन होता था। उनमें छपनेवाली रचनाओं के लिए धन भी मिलता था। इस बात की जानकारी उनको तब हुई जब लखनऊ में उनकी मित्रता उस दौर के लेखकों से हुई।

मनोहर श्याम जोशी ने अपनी संस्मरणात्मक पुस्तक 'रघुवीर सहाय—रचनाओं के बहाने स्मरण' में इस बारे में काफी विस्तार से लिखा है कि किस तरह उनके पत्रकारी-जीवन का आरंभ हुआ। पत्रकारिता का आरंभ अपने एक

अन्य मित्र रघुवीर सहाय के कहने पर किया। जिन दिनों मनोहर श्याम जोशी लखनऊ विश्वविद्यालय में बी.एस-सी. के छात्र थे उन दिनों रघुवीर सहाय उसी विश्वविद्यालय में अंग्रेजी में एम.ए. कर रहे थे। लेकिन दोनों में मित्रता हुई और लेखन के उस आरंभिक दौर में लखनऊ और बाद में दिल्ली में रघुवीर सहाय एक प्रकार से उनके मार्गदर्शक साबित हुए, विशेषकर पत्रकारिता के क्षेत्र में। रघुवीर सहाय की प्रेरणा पर ही वे लिखकर अर्थार्जन की दिशा में प्रेरित हुए।

अपनी उक्त पुस्तक में उन्होंने लिखा है—''उसी ने मेरा परिचय सुरेंद्र बालुपुरी से करवाया, जो उस जमाने में किसान मजदूर प्रजा पार्टी का अंग्रेजी साप्ताहिक 'रिबेल' निकालते थे। वहीं से मैंने पत्रकारिता की शुरुआत की। रघुवीर ने ही लखनऊ रेडियो के लोगों से मेरा परिचय करवाया।'' आरंभ में वे पत्र-पत्रिकाओं में विज्ञान-विषयक लेख ही लिखते थे। रेडियो पर विज्ञान के विषयों से जुड़े कार्यक्रमों में हिस्सा लेते थे।

'रिबेल' में उन्होंने विज्ञान-विषयक अनेक लेख लिखे। विज्ञान के विषयों पर किस तरह रोचक शैली में लिखा जाए, इसका आरंभिक प्रशिक्षण उनको 'रिबेल' में ही मिला। वैज्ञानिक खोजों पर, विश्व के प्रमुख वैज्ञानिकों पर उन्होंने 'रिबेल' में आम पाठकों के लिए रोचक शैली में अनेक निबंध उस दौर में लिखे। प्रसंगवश बताना चाहेंगे कि विज्ञान-लेखन जीवन भर उनका प्रिय विषय रहा। 'साप्ताहिक हिंदुस्तान' में जब वे संपादक बनकर आए तो विज्ञान से जुड़े विषयों पर उस पत्रिका में उन्होंने नियमित लेख प्रकाशित किए। गुणाकर मुले, वागीश शुक्ल जैसे लेखकों ने साप्ताहिक हिंदुस्तान के पन्नों पर नियमित रूप से विज्ञान विषय पर रोचक शैली में लेख लिखे। जीवन के आखिरी दौर में 'दैनिक हिंदुस्तान' में उन्होंने 'इक्कीसवीं सदी' नामक एक कॉलम लिखा, जिसमें विज्ञान की नई-नई खोजों की रोचक शैली में चर्चा होती थी। 'कनसंगस्यांगशवस्यायो' नाम से उन्होंने विज्ञान-कथा पर आधारित एक उपन्यास की रचना आरंभ की थी, जो अधूरा ही रह गया। यह जानना दिलचस्प है कि मनोहर श्याम जोशी के पिता श्री प्रेम बल्लभ जोशी ने भी अपने जीवन-काल में हिंदी में 'ताप' तथा 'पदार्थों के गुण और स्वभाव' पुस्तकें लिखी थीं। इनकी गणना हिंदी में विज्ञान की

आरंभिक पुस्तकों में की जाती है।

लखनऊ विश्वविद्यालय का पुस्तकालय उनके लिए पत्रकारिता की आरंभिक पाठशाला साबित हुआ। आरंभ से ही उनके घर का माहौल इस तरह का था, जिसमें विज्ञान के अध्ययन को श्रेष्ठ समझा जाता था। बाद में लेखक के रूप में इस अध्ययन का लाभ उनको यह हुआ कि वे सहजता से विज्ञान से जुड़े विषयों पर पत्र-पत्रिकाओं में लिख सके। इसका नुकसान यह हुआ कि ग्रेजुएशन में पहुँच जाने के बावजूद विज्ञान से इतर विषयों का उनका अध्ययन सीमित ही रहा। उन्होंने लिखा भी है कि साहित्य का व्यवस्थित अध्ययन उन्होंने लखनऊ आकर ही किया। यह भी सच्चाई है कि राजनीति, समाज से जुड़े विषयों का अध्ययन भी उन्होंने लखनऊ आकर ही किया। यहीं विज्ञान-लेखन से पत्रकारिता का आरंभ करनेवाले जोशीजी ने हरफनमौला के रूप में अपनी छवि बनाई।

उन्होंने अपने प्रथम उपन्यास 'कुरु कुरु स्वाहा' में कथानायक जोशीजी के बारे में लिखा है कि वे एक साथ कई-कई किताबें पढ़ते थे। पत्रकार-लेखक-पटकथाकार के रूप में सफल हो जाने के बाद उनके बारे में यह कहा जाता था कि वे हरफनमौला ही नहीं, बहुत पढ़ाकू भी हैं। बहरहाल, लखनऊ विश्वविद्यालय के पुस्तकालय में बैठकर उन्होंने अनेक विषयों का गहराई से अध्ययन किया। विविध विषयों के अध्ययन का गहरा आकर्षण उनको बाद में पत्रकारिता की दुनिया में खींच लाया।

विविध विषयों में वे इतने पारंगत हो गए कि दिल्ली आने के बाद वे जिस पत्र-पत्रिका में काम माँगने जाते और वहाँ का संपादक उनसे यह पूछता कि किस विषय पर लिख सकते हो तो जवाब में वे कहते कि किसी भी विषय पर। इस संबंध में अपनी एक भेंटवार्त्ता में स्वयं एक घटना का जिक्र किया है। फ्रीलांसर के रूप में काम की तलाश में जब वे 'हिंदुस्तान टाइम्स' के संपादक दुर्गादास से मिलने गए तो दुर्गादास ने उनसे पूछा कि तुम किस विषय पर लिख सकते हो? जवाब में इन्होंने कहा, किसी भी विषय पर। दुर्गादास नें हिंदुस्तान टाइम्स के खेल-संपादक को बुलाकर उनसे मनोहर श्याम जोशी की परीक्षा लेने के लिए कहा। खेलकूद का विषय शायद इस वजह से चुना गया, क्योंकि

स्वतंत्रता के बाद के पहले दशक में खेलकूद पर लिखनेवाले पत्रकार कम ही मिलते थे। बहरहाल, उस परीक्षा में वे पास हो गए और उनको हिंदुस्तान टाइम्स में खेलकूद पर लिखने का अवसर भी मिल गया।[1] इस तरह, दिल्ली आने पर आरंभ में उन्होंने अंग्रेजी पत्रकारिता भी की।

मनोहर श्याम जोशी के लेखकीय-पत्रकारीय जीवन के आरंभ की चर्चा चल रही है। इस प्रसंग में उन्होंने अपनी भेंटवार्त्ता में बताया—"मेरे लेखकीय-पत्रकारीय व्यक्तित्व के विकास में मेरे चाचाजाद बड़े भाई पूरनचंद्र जोशी का भी विशिष्ट योगदान रहा। प्रसंगवश, अपनी पुस्तक 'बातों बातों में' उन्होंने इन्हीं पूरन दा को समर्पित की है। उन्होंने मुझे साहित्य, इतिहास, समाजशास्त्र, नृतत्त्व, दर्शन, मनोविज्ञान, मिथक-पुराण जैसे विषयों पर लिखी हुई सौ पुस्तकों की सूची बनाकर दी और कहा कि इन्हें पढ़ो। उन्होंने ही बताया कि यूरोप के किस कथाकार और कवि की कौन-कौन सी खास रचनाएँ हैं और उनके जीवन और साहित्य पर लिखी कौन सी किताब सबसे अच्छी है। काश मैंने उनके बनाए हुए पाठ्यक्रम की सभी पुस्तकों का अध्ययन किया होता! उनकी यह सलाह भी मानी होती कि कुछ महान् ग्रंथों का जीवन में बार-बार उसी तरह पारायण करना चाहिए, जिस तरह श्रद्धालुजन धार्मिक ग्रंथों का करते हैं। लेकिन जैसा कि पूरन दा ने मेरी चंचल वृत्ति को देखकर तभी कह दिया था, मुझे कल का वैज्ञानिक या विद्वान् होना ही नहीं था। बस हर विषय की थोड़ी सूँघा-सूँघी करके काम चला लेनेवाला पत्रकार बनना था।"

नियमित पत्रकारिता आरंभ करने से पहले जोशीजी ने पत्रकारिता को लेकर लंबी तैयारी की थी। इस संबंध में 'लखनऊ मेरा लखनऊ' पुस्तक में जोशीजी ने बहुत विस्तार से लिखा है—"उस जमाने में लखनऊ विश्वविद्यालय इंटेलेक्चुअलों का इतना बड़ा गढ़ था कि जोशीजी जैसे लोग सिफर से भी कमतर ही ठहर सकते थे। आचार्य नरेंद्रदेव कुलपति थे और सभी विभागों में राष्ट्रीय और अंतरराष्ट्रीय ख्याति के अध्यापक थे। छात्रों में भी मोटे-मोटे पोथे पढ़ने और लंबे-चौड़े मुबाहिसे करने का रिवाज था। हजरतगंज के ऑक्सफोर्ड बुक डिपो में जाकर किताबें उलटना-पलटना और खरीदना तथा कॉफी हाउस में बैठकर प्रोफेसरों, पत्रकारों, लेखकों और कलाकारों की बातचीत सुनना शिक्षा

का ही एक अंग समझा जाता था।''

लखनऊ का जोशीजी के ऊपर गहरा प्रभाव पड़ा। उनकी अनेक रचनाओं में लखनऊ का परिवेश, वहाँ के पात्र आते रहे हैं। 'कुरु कुरु स्वाहा' इस मायने में भी उनका यादगार उपन्यास कहा जा सकता है कि उसमें लखनऊ के संदर्भों का बहुत अच्छा प्रयोग किया है। इस संबंध में 'लखनऊ मेरा लखनऊ' में उन्होंने लिखा है—''जोशीजी हिंदी साहित्य का एक अलग लखनऊ स्कूल मानते हैं और उसमें अपने तमाम प्रिय लेखकों को शामिल करते हैं। जाहिर है इन प्रिय लेखकों की सूची में वह खुद भी शामिल हैं। जोशीजी के इस लखनऊ-प्रेम की वजह यह है कि इस नगरी में ही वे कल के वैज्ञानिक से आज के कलमघिस्सू बने और यहीं उन्होंने खालिस बगावत तथा इंटेलेक्चुअलता के चंद साल गुजारे।''

उनको लेखक ही नहीं पत्रकार बनाने में भी लखनऊ के इस माहौल का बहुत योगदान कहा जा सकता है। वास्तव में, लखनऊ में उन दिनों पुरानी पीढ़ी के अनेक दिग्गज कथाकार-उपन्यासकार रहते थे। उनके प्रभाव में या कहिए, अपनी विशिष्ट पहचान बनाने के लिए उन्होंने साहित्य-रचना की शुरुआत की। पत्रकारिता-लेखन के आरंभ के संबंध में जोशीजी ने कहा है, उन्होंने पैसा कमाने के लिए पत्रकारिता करना सीखा। लेकिन पत्रकार के रूप में अपना कॅरियर बनाने के लिए या उस रूप में स्वयं को स्थापित करने के लिए जिस तरह का संघर्ष उन्होंने किया, उसे केवल पैसा कमाने के लिए नहीं कहा जा सकता। आरंभ में भले ही उनका यही उद्‌देश्य रहा हो कि पढ़ाई के साथ-साथ लेखन द्वारा कुछ अर्थोपार्जन किया जाए।

अगर हम जोशीजी के पत्रकारिता-जीवन से जुड़े आयामों को देखें तो पत्र-पत्रिकाओं में लेखन के अलावा आकाशवाणी के लिए भी उन्होंने काफी समय पत्रकारिता की। लखनऊ में लेखन, अनुवाद सहित आकाशवाणी के लिए भी उन्होंने छिटपुट काम करना आरंभ कर दिया था। उस दौर में आकाशवाणी से लेखक जुड़ रहे थे और लखनऊ भी इसका अपवाद नहीं था। आकाशवाणी लखनऊ के माहौल की चर्चा करते हुए उन्होंने लिखा है—''उस दौर में लखनऊ आकाशवाणी में भगवतीचरण वर्मा के अलावा कई और लेखक-कवि भी थे। जैसे अवधी कवि रमई काका और प्रगतिवादी-प्रयोगवादी कविता के आंदोलन

से जुड़े हुए सर्वश्री गिरिजा कुमार माथुर, भारतभूषण अग्रवाल और नरेश मेहता, संस्कृतज्ञ कमलाकांत, नाटकों में रुचि रखनेवाले सुरेश अवस्थी, उर्दू शायर सलाम मछलीशहरी और साहित्य से अनुराग रखनेवाली तथा साहित्यकारों को उत्तम पकवान खिलानेवाली एक महिला, जिसका नाम लीलावती दुबे था। माथुर साहब, भारतजी और नरेशजी कॉफी हाउस और लखनऊ लेखक संघ दोनों जगह नियमित रूप से आते थे। तीनों से ही जोशीजी का अच्छा परिचय हो गया।''

बहरहाल, उस जमाने में लखनऊ आकाशवाणी पर कार्यक्रमों से ज्यादा पैसे साहित्यकार के रूप में रचना प्रसारित होने पर मिलते थे। आकाशवाणी लखनऊ में उन्होंने अपनी कहानी का पाठ किया था। वे लेखकों से मिलने लखनऊ आकाशवाणी जाते थे। इसके कारण हो सकता है कुछ अनुवाद वगैरह का काम भी यहाँ उन्होंने किए हों। इससे आकाशवाणी की तकनीक को नजदीक से जानने-समझने का मौका उन्हें मिला। शायद इसी कारण उनकी रुचि आकाशवाणी में बढ़ी और बाद में उन्होंने दिल्ली में आकाशवाणी के सलाहकार सुमित्रानंदन पंत को पत्र भी लिखा। आकाशवाणी दिल्ली में उन्होंने नियुक्ति का आश्वासन दिया और जिससे प्रेरित होकर वे दिल्ली गए। बाद में उन्होंने आकाशवाणी के लिए अनुबंध के आधार पर अनुवादक के रूप में काम करना शुरू कर दिया।

इसी तरह, अंग्रेजी से हिंदी अनुवाद करने की प्रेरणा मनोहर श्याम जोशी को रघुवीर सहाय ने ही दी थी। अपने छात्र-जीवन में अंग्रेजी में पढ़ी कविताएँ वे अपने साथियों को हिंदी में सुनाया करते थे, अंग्रेजी में पढ़े मुहावरों, लोकोक्तियों की हिंदी करते रहते थे, अंग्रेजी में पढ़ी किसी कहानी को धाराप्रवाह हिंदी में सुना दिया करते थे। बाद में दिल्ली आने पर जोशीजी की ख्याति आशु-अनुवादक के रूप में हुई। बड़े पैमाने पर उन्होंने अनुवाद कार्य किया तो उसके पीछे बड़ी भूमिका इसी आरंभिक तैयारी की थी।

बाद में जब मनोहर श्याम जोशी की ख्याति हरफनमौला पत्रकार के रूप में हुई तो अनुवाद भी उसका एक पहलू था। हिंदी पत्रकारिता में तब भी और आज भी ऐसे पत्रकार बड़े उपयोगी माने जाते हैं, जो अंग्रेजी में छपी सामग्री का अच्छी तरह कम-से-कम समय में हिंदीकरण कर देते हैं। आज भी हिंदी

पत्रकारिता को अनेक विषयों में श्रेष्ठ सामग्री के लिए अंग्रेजी की पत्र-पत्रिकाओं का मुँह जोहना पड़ता है। '60 के दशक में हिंदी पत्रकारिता के सामने इस तरह की चुनौती और अधिक थी। इस क्रम में जोशीजी ने बतौर पत्रकार अनुवादक के रूप में काफी अच्छा काम किया।

इस प्रसंग में जोशीजी ने लिखा है, "फ्रांस में हर साल आयोजित होनेवाले 'कान फिल्मोत्सव' के बारे में 'दिनमान' में बड़ी जोरदार सचित्र रपट छपी। टाइम्स ऑफ इंडिया समूह की अंग्रेजी पत्रिका फिल्मफेयर के संपादक को इस फिल्मोत्सव को 'कवर' करने के लिए कान भेजा गया था। उनका लिखा कुछ फिल्मफेयर में प्रकाशित होता, उससे पहले ही 'दिनमान' में सबकुछ छप गया। प्रबंधकों ने संपादक अज्ञेयजी से जवाब तलब किया कि आपने किसी और से यह कवरेज करवाकर अतिरिक्त व्यय क्यों करवाया? और जब आपके पास कान से चित्र आए थे, तब आपने समूह के अन्य प्रकाशनों को क्यों नहीं दिए? अज्ञेयजी ने उत्तर में लिख दिया कि हमारे लिए किसी ने मुफ्त में कवरेज की थी। प्रबंधकों ने आइंदा कवरेज के लिए उस मुफ्त संवाददाता विशेष का नाम जानना चाहा। लेकिन अज्ञेयजी ने यह बताने से इनकार कर दिया कि उसका नाम मनोहर श्याम जोशी है, जो कई फ्रांसीसी फिल्म समीक्षकों की निगाह से फिल्मोत्सव देख आया था।"

इस लंबे उद्धरण से यह पता चलता है कि किस तरह हिंदी के श्रेष्ठ समझे जानेवाले समाचार साप्ताहिक 'दिनमान' को भी बेहतर सामग्री जुटाने के लिए अंग्रेजी भाषा की ओर देखना पड़ता था। किस तरह समूह की ओर से अंग्रेजी पत्रिका के मुकाबले हिंदी पत्रिका के प्रति दोयम दरजे का व्यवहार किया जाता था। सबसे बढ़कर यह पता चलता है कि हिंदी पत्रकारिता में अनुवाद की कैसी भूमिका होती थी और श्रेष्ठ अनुवादक होने के कारण अनुवाद-कला से पत्रकारिता में उनको कितना लाभ होता था।

यहाँ अनुवाद-प्रसंग चल रहा है। आरंभ में उनको दिल्ली में अनुवाद के अवसर ही अधिक मिले। उन्होंने लिखा है कि जब वे अज्ञेयजी से मिले तो अज्ञेयजी ने उनको अमेरिकन सेंटर के लिए पुस्तकों के अनुवाद का काम दिलवाना चाहा। लेकिन जोशीजी ने मना कर दिया, क्योंकि अमेरिकी संस्था से पैसे लेकर

काम करना उस दौर में प्रतिक्रियावादी समझा जाता था और वे प्रगतिशील विचारों के थे।

दिल्ली में जोशीजी को पहली नौकरी अनुवादक की ही मिली। उन्होंने लिखा है कि अमेरिकन सेंटर से मिलनेवाला अनुवाद-कार्य उन्होंने जब सैद्धांतिक आधार पर छोड़ दिया तो उनको लगा कि अब अज्ञेयजी उनको शायद ही कोई काम दिलवाएँ। लेकिन उन्होंने लिखा है—"एक दिन जब मैं अपने कमरे में लौटा तब मेरे मकान मालिक सक्सेना साहब ने मेरे नाम आया एक पोस्टकार्ड थमाया। इसमें वात्स्यायनजी ने लिखा था कि हिंदी समाचार-विभाग में आपको अनुवादक के रूप में कैजुअल बुकिंग मिलने की संभावना बनती नजर आ रही है। यह काम आपकी प्रतिभा के अनुकूल तो निश्चय ही नहीं है, लेकिन मैं संप्रति आपको कोई और काम दिलवाने में अपने को असमर्थ पा रहा हूँ। अगर आपको सरकारी नौकरी करने में कोई आपत्ति न हो तो मुझसे मिलने की कृपा करें।"

आरंभ में पत्रकार के रूप में उनको लिखने से अधिक काम अनुवादक के रूप में मिले और एक तरह से उनको अभ्यास का मौका खूब मिला। बाद में जिसका पत्रकारिता में उन्होंने रचनात्मक उपयोग किया। लेखन के आरंभ-काल में एक और विद्या में उन्होंने महारत हासिल की। वह विद्या थी अंग्रेजी में किसी सामग्री का अध्ययन करके उसके उपयोगी पहलुओं को हिंदी में लिखने की। आरंभ में जब वे विज्ञान-विषयक लेख लिखा करते थे तो उसमें इस विद्या का भरपूर अभ्यास होता था। स्वयं उन्होंने लिखा है कि उत्तर प्रदेश के शिक्षा मंत्री संपूर्णानंद ने यह घोषणा की कि हर विश्वविद्यालय से एक-एक छात्र को 'कल का वैज्ञानिक' चुना जाएगा और पुरस्कारस्वरूप उसे दो सौ रुपए दिए जाएँगे। यह प्रतियोगिता बी.एस-सी. में पढ़नेवाले छात्रों के लिए ही थी। एक लेख लिखने के लिहाज से यह पुरस्कार राशि काफी बड़ी थी। जोशीजी ने लिखा है कि वे सीधे रवींद्र पुस्तकालय पहुँचे और वहाँ से तब के बिलकुल नए-नए विषय एटॉमिक्स और इलेक्ट्रॉनिक्स पर प्रोफेसर गेमाओ जैसे नामी-गिरामी वैज्ञानिकों की लिखी हुई लोकप्रिय पुस्तकें उठा लाए। उसके आधार पर 'रोमांस ऑफ इलेक्ट्रांस' जैसा साहित्यिक शीर्षकवाला निबंध लिखा, जिस पर उन्हें वह पुरस्कार मिला।

बाद में लखनऊ में जब 'रिबेल' के लिए जोशीजी ने लेख लिखना शुरू किया तो इसी तरह उस समय के चर्चित वैज्ञानिक विषयों पर अंग्रेजी में लेख लिखा करते थे। लखनऊ 'नेशनल हेराल्ड' में उनका परिचय ललित मोहन थपलियाल से हुआ। उनके कहने पर नेशनल हेराल्ड के लिए भी इसी शैली में उन्होंने अंग्रेजी में कई लेख लिखे। बाद में जब उन्होंने हिंदी पत्रकारिता शुरू की तो इस विद्या का उपयोग करते हुए अनेक ऐसे विषयों पर लेख लिखे, जिन पर हिंदी में कम ही लिखा जाता था। न सिर्फ इस प्रकार का पत्रकारीय लेखन उन्होंने स्वयं किया अपने साथ काम करनेवाले पत्रकारों को भी वे ऐसा लिखने के लिए प्रेरित करते रहते थे। राष्ट्रीय पुरस्कार प्राप्त फिल्म-पत्रकार ब्रजेश्वर मदान ने बातचीत के दौरान यह बताया कि आरंभ में उनको जोशीजी अंग्रेजी में सिनेमा पर लिखे गए अच्छे लेख पढ़ने को देते और कहते, इस तरह लिखने की कोशिश करो। बहुवचन-7 में अज्ञेय पर लिखे संस्मरण में प्रसिद्ध लेखक प्रयाग शुक्ल ने लिखा है कि उनको कला-विषयों पर लिखने की प्रेरणा मनोहर श्याम जोशी ने दी थी।

कहने का तात्पर्य यह है कि छात्र-जीवन से ही जोशीजी ने आपको इस रूप में तैयार किया कि आगे चलकर पत्रकार-लेखक के रूप में अनेक भूमिकाओं में योगदान दे सके। उन्होंने लिखा है—"नागरजी की शैली पर पटकथा का गहरा असर था। इसलिए उनके चरणों में बैठने से जोशीजी को पटकथा-लेखन का भी थोड़ा शऊर आ गया।...नागरजी की मेहरबानी से ही वे इस योग्य हुए हैं कि फिल्मों-धारावाहिकों में ठीक-ठाक से संवाद-वंवाद लिख पाते हैं।"

बहरहाल, मनोहर श्याम जोशी के पत्रकारिता-जीवन का आरंभ छोटी-छोटी प्रेरणाओं से हुआ। इनमें कुछ परिस्थितियों का भी योगदान रहा, कुछ लेखक के रूप में सामाजिक भूमिका निभाने के अपने आदर्शों का भी।

□

पत्रकारीय सरोकार

पत्रकारीय संघर्ष

बी.एस-सी. की पढ़ाई पूरी करके और दो नौकरियाँ छोड़ने के बाद उन्होंने स्वतंत्र लेखक के रूप में लेखन करने का संकल्प लिया और पत्रकारिता के क्षेत्र में भाग्य आजमाने दिल्ली आ गए। वे अंग्रेजी और हिंदी दोनों भाषाओं में लिख सकते थे, संपादक ऐसे विषयों पर उनसे लिखने के लिए कहते, जिन पर लिखनेवाले कम मिलते थे। हिंदुस्तान टाइम्स के संपादक दुर्गादास ने इनको खेल पर लिखने का काम दिया, क्योंकि उन दिनों खेलों के जानकार पत्रकारिता के क्षेत्र में उतने मिलते नहीं थे। इसी तरह 'जनसत्ता' के फीचर संपादक चिरंजीत ने खेलकूद, ज्ञान-विज्ञान, कला-संस्कृति, विदेशी साहित्य जैसे विषयों पर अलग-अलग नामों से लिखने का काम उनको दिया। बाद में जब इनके अच्छे अनुवादक होने की चर्चा होने लगी तो अनुवाद-कार्य भी मिलने लगा। लेकिन इस आधार पर कहीं पत्रकारिता की नौकरी नहीं मिल पाई। अनुबंध के आधार पर आकाशवाणी में नौकरी मिली। लेकिन वह नौकरी मूल रूप से अनुवादक की थी। उस दौर में उनका पहला संघर्ष पत्रकार के रूप में अपनी पहचान बनाने का था।

जोशीजी 1953 से 1959 तक, यानी करीब छह साल तक आकाशवाणी की उसी अनुबंध आधारित नौकरी के सहारे दिल्ली में रहे। जोशियम, कूर्मांचली जैसे नामों के सहारे इस दौर में उन्होंने पत्र-पत्रिकाओं में छिटपुट लेखन खूब

किया, कविताएँ लिखीं, रिपोर्ताज लिखे। लेकिन इस दौरान उनको पत्रकारिता से जुड़ने का कोई बड़ा अवसर नहीं मिल पाया। इसी कारण 1959 में जब उनको भारतीय सूचना सेवा में अधिकारी के रूप में नौकरी मिल गई तो वे फिल्म्स डिवीजन, बंबई में नौकरी करने चले गए। लेकिन इतना जरूर हुआ था कि दिल्ली के पत्रकारिता-जगत् में उनकी प्रसिद्धि इस रूप में फैल चुकी थी कि वे किसी भी विषय पर इस तरह से और ऐसा लिख सकते हैं कि आम पाठक भी पढ़कर उसका आनंद उठा सके। नए से नए विषयों पर लिखने में उन्हें महारत हासिल है, उनकी भाषा-शैली बहुत चुटीली है, आदि-आदि।

मुंबई जाने के बाद भी पत्र-पत्रिकाओं में लिखना इन्होंने नहीं छोड़ा। इस तरह से पत्रकारिता से इनका संबंध बना रहा। उस समय मुंबई से 'सारिका' जैसी मासिक साहित्यिक पत्रिका निकलती थी और 'धर्मयुग' जैसा साप्ताहिक। 'धर्मयुग' के लिए उन्होंने अनेक रिपोर्ताज लिखे। उस दौरान का एक किस्सा बड़ा मशहूर है कि किस तरह इन्होंने 'धर्मयुग' पत्रिका का एक अंक पूरा लिख दिया था। इस संबंध में अपनी भेंटवार्त्ता में उन्होंने बताया कि 'उस समय टाइम्स ऑफ इंडिया समूह से अंग्रेजी में 'इलस्ट्रेटेड वीकली ऑफ इंडिया' नामक पत्रिका निकलती थी, जो काफी प्रसिद्ध थी। 'धर्मयुग' हिंदी की सबसे प्रसिद्ध पत्रिकाओं में एक थी। इस कारण 'धर्मयुग' की उससे होड़ रहती थी। उस समय भारत-चीन युद्ध हुआ था और 'इलस्ट्रेटेड वीकली ऑफ इंडिया' का एक विशेषांक उस युद्ध को लेकर आ रहा था। 'धर्मयुग' के संपादक धर्मवीर भारती चाहते थें कि इस अवसर पर धर्मयुग का भी अंक आए और यह अंक इलस्ट्रेटेड वीकली के अंक से पहले आए। यहाँ मनोहर श्याम जोशी की किसी भी विषय पर लिख सकने की ख्याति काम आई। धर्मयुग के उस विशेष अंक को 'उर्वशीयम् अंक' कहा जाता है और उसे अलग-अलग नामों से जोशीजी ने आदि से अंत तक लिख दिया था।

इस घटना से पत्रकारिता-जगत् में उनकी कीर्ति फैली। इस संबंध में मनोहर श्याम जोशी ने स्वयं लिखा है कि 'टाइम्स ऑफ इंडिया प्रकाशन समूह के महाप्रबंधक श्री पी.के. राय धर्मयुग का एक पूरा अंक लिख डालने के मेरे करतब से चमत्कृत होकर मुझे हिंदी फिल्म पत्रिका का संपादक नियुक्त करने

का मन बना चुके थे।' इस संबंध में जोशीजी ने अपने एक साक्षात्कार में बताया है कि उन दिनों टाइम्स ऑफ इंडिया समूह हिंदी में 'माधुरी' नाम से एक फिल्म पत्रिका निकालने की योजना बना रहा था। जब प्रबंधकों को यह पता चला कि धर्मयुग के 'उर्वशीयम् अंक' में कूर्मांचली, जोशियम आदि छद्म नामों से पूरा अंक लिखनेवाला लेखक मनोहर श्याम जोशी है तो उनकी इस प्रतिभा से वे काफी प्रभावित हुए और उन्होंने 'माधुरी' के संपादक पद के लिए उनसे बातचीत भी की।

बहरहाल, 'माधुरी' निकली और हिंदी की एक लोकप्रिय फिल्म पत्रिका के रूप में स्थापित भी हुई। लेकिन उसके संस्थापक-संपादक जोशीजी नहीं बने। लेकिन उसी साल टाइम्स ऑफ इंडिया समूह ने हिंदी में अंग्रेजी पत्रिका 'टाइम' की शैली में समाचार-साप्ताहिक निकालने की योजना बनाई। पत्रिका के संपादक के रूप में अज्ञेयजी का चयन हुआ और अज्ञेयजी ने जोशीजी को उस सरकारी नौकरी से कई गुना अधिक वेतन पर सहायक संपादक के रूप में पत्रिका से जुड़ने का ऑफर दिया। हालाँकि बाद में 'दिनमान' में उनको सीधे सहायक संपादक नहीं बनाया। पहले मुख्य उपसंपादक के रूप में वे हिंदी की इस पहली समाचार पत्रिका से जुडे, बाद में सहायक संपादक बने। पत्रकारिता के माध्यम से पहचान बनाने की उनकी जो संघर्ष यात्रा 1953 में दिल्ली आने के बाद शुरू हुई थी, 'दिनमान' से जुड़ना उसके पहले पड़ाव की तरह था।

'दिनमान' में आकर उनको अपनी हरफनमौला छवि को निखारने का और अधिक मौका मिला। वास्तव में, आकाशवाणी के दिनों से ही अज्ञेयजी ने मनोहर श्याम जोशी की प्रतिभा को अच्छी तरह परख लिया था। उनको अच्छी तरह पता था कि जोशीजी अनुवाद में प्रवीण हैं। राजनीतिक, सामाजिक, सिनेमा, खेलकूद से जुड़े किसी भी विषय पर अच्छा लेख लिख सकते हैं। 'टाइम' जैसी समाचार-पत्रिका निकालने के लिए इन्हीं गुणों की आवश्यकता थी। जोशीजी ने स्वयं अपनी भेंटवार्त्ता में बताया है—''अज्ञेयजी के अलग-अलग शिष्य उनके लिए अलग-अलग मतलब रखते थे और उनके लिए अलग-अलग काम के थे। मुझे एक घटना याद आती है, जब उन्होंने प्राचीन

साहित्य और संस्कृति में गति रखनेवाले अपने एक पटु शिष्य को बोर किया अथवा चमत्कृत किया मेरे साथ पौन घंटा खेलकूद के बारे में बातचीत करके।''

'दिनमान' में पहली बार उनकी पत्रकारिता को मान्यता मिली। इससे पहले करीब दस सालों तक उन्होंने फ्रीलांसिंग की थी और उसका अनुभव भी उनके काम आया। पहली बार हिंदी की पत्रिका में विदेश की खबरें नियमित रूप से छपने लगीं, जो मनोहर श्याम जोशी द्वारा अनुवाद की गई होती थीं। जोशीजी ने लिखा है कि टाइम्स ऑफ इंडिया समूह की योजना तो थी 'टाइम' जैसी पत्रिका निकालने की। टाइम एक ऐसी मानक पत्रिका रही है, जिसमें जीवन से जुड़े हर विषय का निरूपण होता है। लेकिन इस तरह की पत्रिका निकालने के लिए जिस तरह के संसाधनों की आवश्यकता होती है, प्रकाशन-समूह वह इस पत्रिका में नहीं लगाना चाहता था। मनोहर श्याम जोशी ने लिखा है—''वात्स्यायनजी ने संसाधनों के अभाव में भी इस चेले के सहयोग से 'टाइम' जैसी पत्रिका निकालकर धर दी।'' दिनमान ने निश्चित रूप से हिंदी पत्रकारिता को नए आयाम दिए, नए मानक रचे।

'दिनमान' में सहायक संपादक बने। लेकिन जिस तरह की पत्रकारिता वे करना चाहते थे, 'दिनमान' में उसका अवसर नहीं था। समाचार-पत्रिका से ज्यादा वह विचार पत्रिका थी। जोशीजी की शैली बौद्धिक और लोकप्रिय तत्त्वों के समावेश से बनती थी। 'दिनमान' में लोकप्रिय तत्त्वों के लिए कम स्पेस था। कहा जा सकता है कि 'दिनमान' से जुड़ने के बाद उनका संघर्ष दूसरी तरह से शुरू हुआ। यह संघर्ष था पत्रकारिता में अपने आपको पूर्ण रूप से अभिव्यक्त कर पाने का।

बहरहाल, 'दिनमान' में चार साल काम करने के दौरान पत्रकारिता के अंतरराष्ट्रीय मानकों की उनकी समझ बढ़ी। वे काफी पढ़े-लिखे पत्रकार थे और यह बात उनकी पत्रकारिता में झलकती है। उन्होंने काफी रिपोर्ताज-लेखन किया, अलग तरह से इंटरव्यू लिये। 'नव पत्रकारिता' के मानकों के अनुसार उन्होंने रिपोर्टिंग में साहित्यिक और कथात्मक पुट देने की कोशिश की। समकालीन आधुनिकता से संबद्ध विषयों पर स्वयं लेखन किया, और दूसरों को लिखने के लिए प्रेरित भी किया। 'दिनमान' के पन्नों पर उन्होंने बहुत सारी

किताबों, विधाओं और समस्याओं को प्रस्तुत किया, जिनकी अंतरराष्ट्रीय स्तर पर चर्चा हो रही थी। उस दौर में 'दिनमान' में इन्होंने रामचंद्र वर्मा के शब्दकोश पर स्टोरी की—'हिंदी की शब्द-यात्रा : कितने कोश'। पहली बार 'और फैशन !' शीर्षक से दिनमान के पन्नों पर ही बदलते फैशन को लेकर रोचक स्टोरी दी गई। लेकिन वे जिस तरह की व्यावसायिक किस्म की पत्रकारिता करना चाहते थे, 'दिनमान' में उसके लिए जगह बनाने के लिए उन्हें संघर्ष करना पड़ा।

यह अवसर भी उनको जल्दी ही मिल गया। 1967 में उनको 'साप्ताहिक हिंदुस्तान' का संपादक बनने का अवसर मिला। इस संबंध में जोशीजी ने लिखा है—"बिड़ला बंधुओं के सर्वेसर्वा घनश्यामदास बिड़ला ने अपने सुपुत्र कृष्ण कुमार बिड़ला से कहा कि अपने को 'साप्ताहिक हिंदुस्तान' दिनमान जैसा निकालना चाहिए। कृष्ण कुमारजी ने वात्स्यायनजी को 'साप्ताहिक हिंदुस्तान' का संपादक बनने का न्योता दिया, लेकिन उन्होंने नामंजूर कर दिया। तब कृष्ण कुमारजी ने अपने सलाहकार श्री वियोगी हरि से कहा कि वहाँ पर जो नंबर टू है, उसे परखकर देखिए। वियोगीजी ने मुझे बुलाया और भाषा, व्याकरण, समसामयिक स्थिति के बारे में एक के बाद एक प्रश्न करते चले गए। मैं हैरान हुआ। प्रश्नोत्तरी के अंत में उन्होंने कहा कि चलिए आपको कृष्ण कुमार बिड़लाजी से मिलवा लाएँ। वह आपको 'साप्ताहिक हिंदुस्तान' का संपादक नियुक्त करना चाहते हैं।"

'साप्ताहिक हिंदुस्तान' का संपादक बनने के बाद उन्होंने व्यावसायिक पत्रिका के मानक स्थापित किए। उनका प्रयत्न 'साप्ताहिक हिंदुस्तान' को मुख्यधारा की अव्वल पत्रिका बनाने का था। लोकरुचि के परिष्कार के साथ उसके अनुरूप सामग्री देने का भी था। संपादक बनने के बाद उनको अपने सोच के अनुरूप पत्रिका निकालने की स्वतंत्रता मिल गई। 'साप्ताहिक हिंदुस्तान' सही अर्थों में एक पारिवारिक पत्रिका बन गई। उसमें अनेक नई-नई चीजों की शुरुआत हुई। सुशील कालरा के व्यंग्य स्तंभ को इस पत्रिका के पन्नों पर जगह मिली। खोजपूर्ण पत्रकारिता को लेकर भूपेंद्र कुमार स्नेही का लेखन काफी लोकप्रिय हुआ। साहित्यिक उपन्यास धारावाहिक प्रकाशित होने लगे; ज्ञान-

विज्ञान से जुड़ी रोचक सामग्री का प्रकाशन होने लगा।

'साप्ताहिक हिंदुस्तान' का संपादक बनने के साथ उनके संघर्ष के दिन पूरे हुए। रघुवीर सहाय के बारे में मनोहर श्याम जोशी ने लिखा है—"हर रचनाकार के जीवन में कभी ऐसा दौर आता है जब वह अपना स्वर बिलकुल सही-सही साध पाता है और उसकी पुकार तमाम तरह की सामाजिक गूँजों की नुमाइंदगी तो करती ही है, स्वयं भी सहृदय समाज में तमाम तरह की अनुगूँजें पैदा करा पाती हैं।" पत्रकार के रूप में यह दौर निश्चित रूप से जोशीजी का सर्वश्रेष्ठ दौर था। इस दौर में उनकी पत्रकारिता की शीर्ष पहचान बनी। जोशीजी ने अपने जीवन-काल में महज 20 साल तक सक्रिय पत्रकारिता की, करीब सोलह साल तक संपादक रहे। इसी दौर की पत्रकारिता के लिए वे याद किए जाते हैं, याद किए जाते रहेंगे।

राजनीतिक विचार

मनोहर श्याम जोशी ने जीवन का लंबा समय पत्रकार और लेखक के रूप में सार्वजनिक जीवन में बिताया, लेकिन इस दौरान किसी राजनीतिक विचारधारा या दल से उनका सीधे तौर पर कोई संबंध नहीं रहा। इस संबंध में उन्होंने लिखा भी है—"सच तो यह है कि जोशीजी कभी किसी से भी बहुत गहरे नहीं जुड़ सके। फिर वह चाहे कोई व्यक्ति हो, कोई विषय हो या कोई मुद्दा हो। हर कहीं उनकी भूमिका भावनात्मक भागीदार की न होकर तटस्थ प्रेक्षक की ही रही है।" उनके ऐसा लिखने के बावजूद उनके समस्त पत्रकारीय लेखन में जनसरोकार स्पष्ट तौर पर दिखाई देता है।

जोशीजी ने पत्रकारीय लेखन खूब किया। 'आउटलुक साप्ताहिक' में नियमित स्तंभ जीवन के अंतिम दिनों तक लिखते रहे। उनके कुछ लेख तो पुस्तकाकार प्रकाशित हुए हैं, लेकिन ज्यादातर पत्र-पत्रिकाओं में बिखरे पड़े हैं। उनके लेखन के आधार पर कुछ बातें बहुत साफ तौर पर कही जा सकती हैं। उनमें सांप्रदायिक शक्तियों का मुखर विरोध दिखाई देता है। मध्यवर्गीय यथास्थितिवाद के प्रति तीखा व्यंग्य उनके लेखन में सहज तौर पर देखा जा सकता है। उनके लेखों में एक ओर परंपरा के प्रति विद्रोह का भाव दिखाई

देता है तो दूसरी ओर उस आधुनिकता के प्रति संशय भी, जो परंपरा से दूर होती जा रही है। उनके लेखों में लोकतांत्रिक मूल्यों में गहरी आस्था दिखाई देती है तो साथ ही इसके विद्रूप होते चेहरे से भी वे अनजान नहीं हैं।

मनोहर श्याम जोशी ने अनेक स्थानों पर लिखा है कि उनके ऊपर वामपंथी विचारधारा का गहरा प्रभाव रहा है, उनके अंदर बौद्धिकता का पहलू वामपंथियों की संगत में आकर जाग्रत् हुआ, उनके लेखक-पत्रकार बनने में वामपंथियों की संगत का बहुत बड़ा योगदान रहा है। इस संबंध में उन्होंने लिखा है कि लखनऊ के हबीबुल्ला हॉस्टल में आने के बाद उनकी मित्रता वामपंथी विचारधारा को माननेवाले छात्रों से हुई। इन्हीं वामपंथियों की संगत में आकर उनको इंटेलेक्चुअल बनने का शौक चढ़ा। इस संबंध में एक अन्य साक्षात्कार में उन्होंने कम्युनिस्ट पार्टी से अपने संबंधों के बारे में काफी विस्तार से लिखा है।

उन्होंने बताया है कि कम्युनिस्ट पार्टी से उनका बहुत ही दूर का और कुछ-कुछ डरा-डरा सा संबंध रहा। डरा-डरा सा इसलिए, क्योंकि उन दिनों कम्युनिस्ट पार्टी से किसी भी तरह का संबंध रखने पर सरकार का कोपभाजन बनना पड़ता था। इसीलिए प्रगतिशील लेखक संघ, इप्टा, स्टूडेंट फेडरेशन की गतिविधियों में तो भाग लेते रहे, लेकिन पार्टी की गतिविधियों से दूर ही रहे। उन्होंने कहा है कि साम्यवादियों के साथ रहकर आधुनिकता और उससे जुड़े साहित्य के बारे में उनकी जानकारी बढ़ी। इस साक्षात्कार में उन्होंने कहा कि "छोटी उम्र में ही मैंने अमीरी और अभाव, दोनों देख लिये थे और मैं एक ऐसी दुनिया की कल्पना करता था, जिसमें अमीरी-गरीबी का भेद खत्म हो जाए। आधुनिक वैज्ञानिक दृष्टि का कायल होने के कारण उस भावुकता के साथ-साथ मेरे दिमाग में यह फतवा भी नत्थी कर रखा था कि साम्यवाद की कल्पना हमारी आधुनिक और वैज्ञानिक जीवन-दृष्टि की पराकाष्ठा है।"

लेकिन साम्यवादी विचारधारा से उनका कोई सीधा संबंध नहीं जुड़ा। वे कभी किसी साम्यवादी पार्टी के कार्यकर्ता नहीं रहे, कभी साम्यवादी संगठनों द्वारा आयोजित किसी सम्मेलन में नहीं गए; लेकिन भावनात्मक रूप से वे अपने आपको हमेशा वामपंथी विचारधारा के करीब मानते रहे। अपने

उपन्यास 'क्याप' में उन्होंने एक तरह से भारत में साम्यवादी आंदोलन की मीमांसा की है, यह परखने का प्रयास किया है कि क्यों वामपंथी विचारधारा भारत में जन-जन की आकांक्षाओं पर खरी नहीं उतर पाई? अपने लेखन में जोशी ने निरंतर प्रगतिशील मूल्यों का समर्थन किया और ऐसे हर विचार का विरोध करते रहे, जो देश-समाज की प्रगति में बाधा खड़ी करता हो।

मनोहर श्याम जोशी की प्रजातंत्र और उसके मूल्यों में गहरी आस्था रही। प्रजातंत्र की वकालत का एक कारण तो यह रहा कि प्रजातांत्रिक व्यवस्था में अमीर-गरीब सारे नागरिकों को समान अधिकार होते हैं। भारत में प्रजातंत्र की सफलता का वे अकसर उदाहरण देते रहे। पत्रकारिता के पेशे से जुड़े होने के कारण वे इस बात का महत्त्व अच्छी तरह समझते थे कि पत्रकारिता का चौथा खंभा तभी मजबूती से टिका रह सकता है, जब देश में प्रजातांत्रिक माहौल हो। लेकिन प्रजातंत्र के समक्ष आई चुनौतियों, खतरों से आगाह करवाना भी वे नहीं भूलते। सत्तर के दशक के उत्तरार्द्ध में जब 'साप्ताहिक हिंदुस्तान' में 'नेताजी कहिन' नामक स्तंभ लिख रहे थे तो उनके इस स्तंभ का एक उद्‌देश्य भारतीय प्रजातंत्र की विद्रूपताओं को उजागर करना था।

उनके अनेक ऐसे लेख हैं, जिनमें उन्होंने लोकतंत्र के सामने उपस्थित चुनौतियों की चर्चा की है। उनका एक लेख है 'लोकतंत्र खतरे में है'। इस लेख में उन्होंने विस्तार से बताया है कि जब रूस में साम्यवादी व्यवस्था का अंत हुआ तो जापानी मूल के अमेरिकी विद्वान् फ्रांसिस फुकुयामा ने 'ऐंड ऑफ हिस्ट्री' नामक पुस्तक लिखी। उस पुस्तक में उन्होंने यह घोषणा की कि यह लोकतंत्र की विजय का समय है। इतिहास में पहली बार ऐसा हुआ है कि संसार में 60 प्रतिशत से भी ज्यादा देशों में लोकतंत्र की स्थापना हो चुकी है। उन्होंने यह विश्वास व्यक्त किया कि 21वीं सदी में सारी दुनिया में लोकतंत्र का परचम फहराएगा और दो सौ साल पहले की गई दार्शनिक कांट की यह भविष्यवाणी पूरी हो जाएगी कि एक दिन सारा संसार लोकतंत्र की आदर्श-शासन व्यवस्था अपना लेगा। इसके साथ जोशीजी यह याद दिलाना भी नहीं भूलते कि बीसवीं सदी के शुरू होते समय भी इस तरह की भविष्यवाणी की गई थी कि बीसवीं सदी सार्वभौम लोकतंत्र और विश्वबंधुत्व की सदी साबित

होगी। लेकिन उसी बीसवीं सदी के समापन पर प्रसिद्ध चिंतक इजाया बर्लिन ने कहा कि यह सदी इतिहास की भयंकरतम सदी सिद्ध हुई। विश्वबंधुत्व की जगह उसने हमें विश्वयुद्ध दिए। जितना अन्याय, अत्याचार और रक्तपात उसमें हुआ उतना पहले कभी नहीं हुआ था।

लोकतंत्र की जय-जयकार के बीच वे यह याद दिलाना भी नहीं भूलते कि 'इक्कीसवीं सदी के शुरू में एक ओर लोकतंत्र की जीत का जश्न मनाया जा रहा है, वहाँ दूसरी ओर चिंतित स्वर में यह कहा जा रहा है कि लोकतंत्र खतरे में है।' वे यह बताते हैं कि बाजारवाद की व्यवस्था ने लोकतंत्र को भी बाजारू बना दिया है। "बाजारू लोकतंत्र में हर नेता और दल का एक ही लक्ष्य रहता है—पैसा कमाना। पैसा कमाने के लिए सत्ता का दुरुपयोग करना और जनहित की बलि देना जरूरी हो जाता है। जबकि लोकतंत्र उस सामंती व्यवस्था को धराशायी करने के लिए ही मैदान में उतरा था, जिसमें राजा-महाराजा प्रजा की पूरी तरह उपेक्षा करते हुए जमकर भोग-उपभोग करते थे। सत्ता-प्रेम की इस प्रवृत्ति के चलते विचारधारा का महत्त्व दिन-पर-दिन गौण होता चला जा रहा है। राजनीतिक दलों के बारे में वही स्थिति बनती चली जा रही है—जैसे साँपनाथ वैसे नागनाथ। हर कहीं सत्ता और भ्रष्टता पर्याय बनते चले जा रहे हैं। सत्ता हथियानेवाला न्यायपालिका, पुलिस, दफ्तरशाही सब पर अपनी चौधराहट कायम करके और सबको भ्रष्ट बनाकर शासक पर लगे उन तमाम अंकुशों की अवहेलना कर पाता है, जिन्हें लोकतंत्र में नागरिक अधिकारों की रक्षा के लिए जरूरी समझा जाता रहा है।"

मनोहर श्याम जोशी ने राजनीतिक मुद्दों, विचारधाराओं, समसामयिक राजनीति से जुड़े विषयों पर तो जमकर लिखा ही, राजनीति से जुड़े सैद्धांतिक पहलुओं को भी अकसर उन्होंने विचार का मुद्दा बनाया है। लोकतंत्र को अधिक-से-अधिक देशों द्वारा अपनाया गया तो इसका एक बड़ा कारण यह है कि द्वितीय विश्वयुद्ध के बाद राष्ट्र राज्यों की संख्या में तेजी से वृद्धि हुई है। आधुनिकता के दौर में दो सिद्धांत अपनाए गए। पहला यह कि जो भी समूह अपने को एक अलग राष्ट्र समझता है, उसे अपना राज्य और अपनी सरकार पाने का हक है। दूसरा यह कि राष्ट्रीय सीमाओं का हर कहीं आदर

किया जाना चाहिए। जोशीजी ने अपने लेख 'क्या आज के राष्ट्र-राज्य कल भी बचे रहेंगे' में बताया है कि इसी कारण 1945 में संयुक्त राष्ट्र की स्थापना के समय केवल 50 राष्ट्र उसके सदस्य थे। 20वीं शताब्दी के अंत में सदस्य राष्ट्रों की संख्या 188 हो चुकी है। उन्होंने इस लेख में बताया है कि जिस तरह से संसार भर में अल्पसंख्यक अस्मिताओं का संघर्ष बढ़ा है, उससे तो यही लगता है कि आनेवाले वर्षों में वर्तमान राष्ट्र-राज्यों का स्वरूप शायद ही इसी रूप में बचा रहे।

इस लेख में वे एक महत्त्वपूर्ण प्रवृत्ति की ओर इशारा करते हैं। वे लिखते हैं—"21वीं सदी में राष्ट्रवाद को एक और खतरा इस बात से है कि अर्थव्यवस्था, संस्कृति आदि के ग्लोबीकरण के बाद न राष्ट्रीय सीमाओं का कोई अर्थ रह गया है और न राष्ट्रराज्य की कोई विशेष सत्ता रह गई है। सारा विश्व एक मुक्त मंडी का रूप ले रहा है, जिस पर वास्तविक शासन बहुराष्ट्रीय कंपनियों का है और जिसका संचालन राजनेता नहीं, कंप्यूटरों से जुड़ी हुई एक नई मेधावी बिरादरी कर रही है। इस बदलती हुई दुनिया में जहाँ राजनीति पुरानी छोटी पहचानों का आग्रह कर रही है, वहाँ अर्थव्यवस्था आधुनिक राष्ट्रीय पहचानों से भी ऊपर चले जाने को कह रही है।" आमतौर पर सामयिक समझे जानेवाले पत्र-पत्रिकाओं में लिखे उनके लेख आँकड़ों के मामले में दुरुस्त होते थे और उनमें गहरी विश्लेषणात्मकता भी होती थी।

सांप्रदायिकता के मुद्दे पर उनकी धारणा बड़ी स्पष्ट थी। धार्मिक आडंबर, कठमुल्लापन, जाति-व्यवस्था आदि का वे खुलकर विरोध करते थे, जब भी अवसर मिलता, इनके खिलाफ लिखते। उन्होंने अलग-अलग संप्रदायों की क्रूरता के विरुद्ध स्पष्ट रूप से लिखा है। उनका एक लेख है 'हिंदुत्ववाद—बिना पोप, नो होप'। इसमें उन्होंने लिखा है—"विश्व हिंदू परिषद् हिंदुओं से कह रही है कि मरने-मारने और तोड़ने-रौंदनेवाले कट्टरपंथी बनो, जबकि बुशों-ओसामाओं से त्रस्त ग्लोबल गाँव में आज सहिष्णुता, उदारता और बहुसंस्कृतिवाद अत्यंत आवश्यक और महत्त्वपूर्ण हो चला है। ...हिंदू समाज में क्रांतिकारी चेतना फूँक सकनेवाले किसी समर्पित नेता की जगह ऐसे तोगड़िया दिए हैं, जो टी.वी. कैमरे के सामने यह सिद्ध करने में जुटे रहते हैं कि गरजने-

बरसने में हम किसी ओसामा से कम नहीं।''

विज्ञान-स्नातक होने के कारण और प्रगतिशील विचारों में विश्वास रखने के कारण इस बात को वे अच्छी तरह समझते थे कि जिस तरह का वैज्ञानिक विकास हो रहा है, धार्मिक मुद्दों से जुड़ी राजनीति उसमें बाधा खड़ी करती है। अपने लेखों के माध्यम से वे कट्टरपंथियों को बार-बार यह याद दिलाते रहे कि किसी भी तरह की धार्मिक क्रूरता विकास के माहौल को खराब करती है। लेकिन साथ ही वे यह याद दिलाना नहीं भूलते कि ऐसे दौर में जबकि विश्वव्यापी प्रगति, विकास की बात की जा रही है धार्मिक क्रूरता संसार भर में बढ़ती जा रही है। 'गरमा रहा है धर्म का बाजार हर कहीं' शीर्षक लेख में यह चिंता प्रकट करते हैं, ''यह एक अजब सी घटना है कि इक्कीसवीं सदी के आरंभ में हर कहीं धर्म का राजनीति का बाजार गरमा रहा है। पिछली सदी इस विश्वास के साथ शुरू हुई थी कि आधुनिक सभ्य संसार में धर्म का सार्वजनिक जीवन में कोई महत्त्व नहीं रह जाएगा। जरा ध्यान दें—अगर इधर 'पिछड़े भारत में अयोध्या का राम मंदिर चुनाव राजनीति के केंद्र में है तो 'अगड़े' अमेरिका में अल्बामा न्याय भवन की 'दस आदेश शिला'।''

इसके पीछे की घटना यह है कि 2003 में अमेरिका के अल्बामा राज्य के उच्चतम न्यायालय के मुख्य न्यायाधीश रॉय मूर को यह विचार आया कि न्याय भवन में ग्रेनाइट की एक ऐसी विशाल शिला लगवाई जाए, जिसमें बाइबिल में दिए गए प्रभु के दस आदेश या 'टेन कमांडमेंट्स' अंकित हों, ताकि उसे हर आता-जाता व्यक्ति पढ़े और कानून के साथ-साथ भगवान् से भी डरे। कहने को यह छोटी सी घटना लग सकती है, मगर जोशीजी का लेखन-कौशल यही है कि इस तरह की छोटी-छोटी घटनाओं के माध्यम से वे हमारे दौर के कुछ ऐसे मसले सामने लाते हैं, जो समकालीन राजनीति की विशेषता बनती जा रही है। ऊपर जिस लेख का जिक्र हुआ, उसी लेख में अमेरिका में घटी घटना के माध्यम से वे यह बताना चाहते हैं कि वैश्वीकरण के बाद संसार भर में राजनीति की यह प्रवृत्ति बनती जा रही है कि वह जन-भावनाओं की ओर ध्यान न दे, जनता की जरूरतों के लिए तो कुछ नहीं करे, लेकिन गैर-मुद्दों को मुद्दा बनाए।

अपने लेखों में जोशीजी ने बार-बार इस बात की ओर इशारा किया कि भले आज संसार में लोकतंत्र का प्रसार हो रहा हो, लेकिन यह भी सच्चाई है कि ज्यादातर देशों में लोकतंत्र कुछ लोगों के सत्तातंत्र में बदल गया है। यहाँ तक कि आदर्श समझा जानेवाला प्रजातांत्रिक देश अमेरिका भी इससे अछूता नहीं है। आज प्रजातांत्रिक देशों में शासक दल अपने कार्यों से जनता का दिल जीतकर सत्ता में नहीं आते। वे जनता को अपने से जोड़ने के लिए उनको दूसरों का भय दिखाते हैं; ऐसे मुद्दे उछालते हैं, जिनका संबंध जनता की भावनाओं से होता है। वास्तव में, एक ऐसा जनतंत्र विकसित हो रहा है, जो जनता से दूर होता जा रहा है। लोकतंत्र की सफलता के लिए निष्पक्ष चुनाव आवश्यक होते हैं। आजकल चुनावों की निष्पक्षता के आगे ही सवालिया निशान लगने लगे हैं। लोकतंत्र में बहुमत का शासन होता है। व्यवहार में यह देखने में आया है कि जीतनेवाले जनादेश के नाम पर, जो कभी-कभी आबादी के 20 प्रतिशत भी नहीं होते, अपने समर्थकों की इच्छा जनता पर थोपने लगते हैं।

लोगों की अस्मितामूलक भावनाओं को जगाकर अलग राष्ट्र की माँग करना या इसके नाम पर संगठित होना सांप्रदायिकता का एक नया रूप है। 'राजा वही जो छले प्रजा को' शीर्षक लेख में यहूदी चिंतक लियो स्ट्राउस के हवाले से अमेरिकी लोकतंत्र की उन्होंने पड़ताल करने की कोशिश की है। स्ट्राउस भी मार्क्स की तरह धर्म को 'अवाम के लिए अफीम' मानते थे, लेकिन साथ ही यह भी समझते थे कि अवाम को काबू में रखने के लिए इस अफीम का इस्तेमाल निहायत जरूरी है। उन्होंने इस लेख में लिखा है—"लोकतंत्र को शक्तिशाली बनाने का अचूक स्ट्राउसवादी नुस्खा है प्रजा में आक्रामक किस्म का राष्ट्रवाद उभारना।"

अमेरिकी लोकतंत्र के हवाले से वे लिखते हैं—"सोवियत संघ के धराशायी होते ही स्ट्राउस के चेलों ने इसलाम-प्रेरित आतंकवाद का हौवा खड़ा करना शुरू कर दिया था। ओसामा के हाथ न लगने पर सद्दाम को अमेरिका के लिए खतरनाक शैतान ठहराना भी इसी नीति का हिस्सा था। ऐसे बाहरी शत्रुओं से युद्ध करते रहना भी उचित है, क्योंकि युद्ध प्रजा को अनुशासित

सैनिक बनाते हैं, जबकि शांति उसमें विलासिता फैलाती है।" लोकतांत्रिक शासनवाले राज्यों में यह राजनीतिक दलों के जनता से दूर होते चले जाने की ही निशानी है। अब जीवनयापन से जुड़े मुद्दों को लेकर आंदोलन नहीं खड़े किए जाते। राजनीतिक दल इसके लिए किसी-न-किसी भावनात्मक मुद्दे की तलाश में लगे रहते हैं।

लोकतंत्र के सामने आज क्या-क्या खतरे हैं? मनोहर श्याम जोशी के राजनीतिक लेखों में यह विषय बार-बार लौटकर आता है। 1999 से 2006 तक वे लगातार स्तंभ लिखते रहे। दुनिया में हो रहे बदलावों पर उनकी पैनी नजर थी। बरसों संपादक रहने के कारण इस बात को वे अच्छी तरह समझते थे कि पत्रकारिता की स्वतंत्रता और निष्पक्षता के लिए यह आवश्यक है कि देश में स्वस्थ लोकतंत्र कायम रहे। इसीलिए लोकतंत्र के खतरों, उसकी चुनौतियों की चर्चा उनके कई लेखों में दिखाई देती है। हाल के वर्षों में आतंकवाद लोकतंत्र के सामने एक ऐसी ही बड़ी चुनौती बनकर उभरा है। उनका एक लेख है 'हो गई शुरू एक सदी आतंक की'। इस लेख में उन्होंने इस शताब्दी के आरंभिक दिनों में ही यह घोषणा कर दी थी कि आनेवाले वर्षों में विश्व में आतंकवाद और उससे जुड़ी घटनाओं में वृद्धि होगी। इसमें उन्होंने लिखा है, "आतंकवाद के पनपने का एक कारण यह माना जाता है कि इधर परिवर्तन बहुत तेजी से हो रहा है और अमीर-गरीब तथा आधुनिक और पुरातनपंथी के बीच की खाई फैलती ही चली जा रही है। जरा से पुराने विचारों के लोगों को नई व्यवस्था नष्ट कर देने लायक मालूम होने लगी है। इसी तरह गरीब और बेरोजगार लोगों को अमीरों की दुनिया फूँक देने लायक मालूम होने लगी है। बिरादरी-भावना से कटा इनसान आतंक का सहारा लेकर आत्मगौरव की तलाश करने लगा है।"

अमेरिका में 11 सितंबर, 2001 को जिस तरह से आतंकी हमले में विश्व व्यापार केंद्र को गिराया गया, उसके बाद से आतंकवाद और आतंकवादी घटनाओं में वृद्धि हुई है तो उसके विरुद्ध लड़ाई भी तेज हुई है। मनोहर श्याम जोशी की पत्रकारिता की यह विशेषता मानी जाती रही है कि नए-से-नए विचारों, नई-नई घटनाओं को लेकर उनके लेखों में विश्लेषण चलता रहता है।

आतंकवाद की इस परिघटना पर अपने लेखों में उन्होंने विस्तार से विचार किया है। किस तरह इसलामी कट्टरतावाद बढ़ता जा रहा है। किस तरह 11 सितंबर, 2001 की घटना के बाद यूरोप-अमेरिका के देशों में एशियाई मूल के लोगों को संदेह से देखा जाने लगा है। लोकतंत्र के स्वास्थ्य पर इसका क्या असर दिखाई दे रहा है? ये उनकी चिंता और विश्लेषण के मुद्दे होते थे।

उनका एक लेख है 'ओसामा जीता लोकतंत्र हारा'। इस लेख में कुछ छवियों के सहारे उन्होंने यह दिखाने-बताने का प्रयास किया है कि किस तरह अमेरिका जैसे लोकतांत्रिक देश में 11 सितंबर, 2001 की घटना के बाद भय और संदेह का माहौल व्याप्त हो गया है। उन्होंने लिखा है—"अमेरिकी हवाई अड्डों के सुरक्षाकर्मियों को अब हर इनसान ही आतंकवादी नजर आने लगा है। बुजुर्ग डेमोक्रेट नेता मैकबर्न ने हवाई अड्डों पर सुरक्षा के नाम पर होती ज्यादती की शिकायत करते हुए लिखा है कि इधर दो बार मुझे अपने ही राज्य और चुनाव-क्षेत्र के हवाई अड्डों में विमान पर इसलिए नहीं चढ़ने दिया गया, क्योंकि विस्तृत तलाशी के लिए पर्याप्त समय नहीं बचा था।" यह घटना बताती है कि अमेरिका जैसे घोर प्रजातांत्रिक देश में आतंकवादी घटना के बाद सुरक्षा के नाम पर नागरिकों, वहाँ आने-जानेवालों की परेशानियाँ किस कदर बढ़ गई हैं। माहौल कितना असुरक्षित हो गया है।"

11 सितंबर यानी उस मनहूस मंगलवार की घटना के बाद से अमेरिका ही नहीं सारे लोकतांत्रिक देशों में इसलाम को आतंकवाद से जोड़कर देखा जाने लगा है। इस लेख में उन्होंने बताया है कि इस घटना के बाद से अमेरिका ही नहीं, अनेक लोकतांत्रिक देशों में तीन तरह की बातें सुनने में आ रही हैं। एक तो यह कहा जा रहा है कि मनहूस मंगलवार की उस घटना के बाद उदार मुसलमानों ने भी खेद प्रकट करते हुए इस तरह का भाव जताया कि ज्यादतियाँ पहले स्वतंत्र सरकार ने मुसलिम देशों पर कीं। दूसरी बात यह कही जा रही है कि जो लोग आधुनिक कानून नहीं मानते, उन्हें आधुनिक कानूनों का लाभ क्यों उठाने दिया जाए? तीसरी बात यह कही जा रही है कि जिन्होंने हमारे खिलाफ जेहाद छेड़ रखा है, उसके प्रति हर नागरिक को सजग रहना चाहिए।

मनोहर श्याम जोशी ने अनेक लेखों में यह बताया है कि किस तरह

कुछ आतंकवादियों के कारण संसार भर में मुसलमानों की छवि खराब की जा रही है। पश्चिमी मीडिया इसलाम की एक ऐसी छवि बना रहा है, जो उसके अनुयायियों के प्रति नफरत का भाव पैदा कर दे। पश्चिमी देशों में इसलाम के बारे में पढ़ने-समझने का चलन बढ़ा है। अमेरिकी मीडिया में सऊदी अरब के प्रति वैमनस्य बढ़ा है, क्योंकि उसका यह मानना है कि सऊदी अरब आतंकवाद के लिए धन देता है। इस लेख में वे इस विडंबना की ओर ध्यान दिलाते हैं कि ओसामा की मूल स्थापना यह थी कि 'उम्मा' एक तरफ है और काफिर दूसरी तरफ। लगता है लोकतंत्रात्मक संसार ने इसे स्वीकार कर लिया है। ओसामा से लड़ने के लिए वह स्वयं ओसामा बनना चाहता है।

मनोहर श्याम जोशी के लेखों को पढ़ने से एक बात स्पष्ट होती है कि अपने लेखन में वे किसी का पक्ष लेते नहीं दिखाई देते। एक सच्चे प्रजातांत्रिक नागरिक की तरह अपने लेखन के माध्यम से उस स्वतंत्र स्पेस को बचाए रखने की लड़ाई लड़ते दिखाई देते हैं। वे सच्चे अर्थों में उत्तर-आधुनिक चिंतक थे। हर प्रकार की राजनीति से समान दूरी बनाए रखते हुए उन्होंने अपने लेखों में हमेशा जनता के हित की बात की, उनके दिल की बात की। एक लोकप्रिय संपादक-स्तंभकार होने के बावजूद वे अपनी राजनीतिक संलग्नताओं के लिए नहीं जाने गए, बल्कि लेखकीय सरोकारों के लिए जाने गए। वे उत्तर-आधुनिक समय की कसौटियों पर पहले से चली आ रही हर परंपरा, हर विचारधारा को परखकर देखने का प्रयास करते रहे, उन पर सवाल उठाते रहे। एक सजग विश्लेषक की तरह निष्पक्ष भाव से राजनीति से जुड़े सवालों का विश्लेषण करते रहे।

सामाजिक चिंतन

मनोहर श्याम जोशी के लेखन में भारतीय सामाजिक मानकों की बड़ी गहरी पड़ताल दिखाई पड़ती है। भारतीय सामाजिक परंपराएँ किस प्रकार पश्चिमी सभ्यता से प्रभावित होती जा रही हैं। जीवन भर यह उनके लेखन में चिंता का विषय बना रहा। अपने समय की प्रसिद्ध साहित्यिक पत्रिका 'सारिका' में अजित कुमार के साथ एक बातचीत में इस संदर्भ में उन्होंने बहुत

महत्त्वपूर्ण बात कही थी—"मैं यह कहना चाहूँगा कि भारतीयता की सुबह-शाम दुहाई देने के बावजूद हमारे दिमाग पश्चिमी साँचे में ढले हुए हैं। जहाँ जननी की शक्ति रूप में चर्चा हो रही हो, वहाँ भी केवल फ्रायड का ईडिपस कॉम्प्लेक्स ही हमें-तुम्हें क्यों सूझता है?' हम 'एब्सर्ड' की बात कहते हैं, माया की नहीं। ब्रेख्त ने 'एलियनेशन' हमसे उधार लिया, लेकिन हम अपनी कृतियों में भी 'ब्रेख्तियन एलियनेशन' की ही खोज करते हैं।" संदर्भ जोशीजी के पहले उपन्याय 'कुरु कुरु स्वाहा' का था।

'कुरु कुरु स्वाहा' में मनोहर श्याम जोशी ने परंपरा और आधुनिकता के द्वंद्व से जुड़े अनेक महत्त्वपूर्ण सवाल उठाए हैं। सदियों की परंपरा के बोझ को उतार फेंकने के लिए व्याकुल इस भारत में आगे बढ़ने की छटपटाहट है, दिशा कोई भी हो। भारतीय समाज प्रश्नों से भरा, लगभग सबकुछ पर विश्वास-अविश्वास करता, अनुभव की आवृत्ति के प्रति अधीर, तथापि बहुत कुछ को परिचित अथवा नाममात्र को परिवर्तित रूप में अपनाने के लिए वह विवश है। आधुनिक बनने की उसके अंदर आकुलता है, लेकिन परंपरा को वह पूरी तरह नकार भी नहीं पा रहा है। आधुनिकता की ऐसी कोई दिशा भी उसे दिखाई नहीं देती, जिसमें परंपरा के लिए सामंजस्यपूर्ण स्थान हो। वह नियति-दासता से टकराना चाहता है और उपनिवेशवाद-पूँजीवाद-उपभोगवाद-हिंदुत्व-सत्तासंघर्ष जैसे संदर्भ भी उसके सामने हैं।

नए भारत और उसके समाज से जुड़े ये तमाम सवाल इस रचना में बार-बार उठाए गए हैं। हजार की नौकरी, 'तंत्रा-योगा' के प्रति उत्सुकता, 'एक-ठो वेस्टलैंड' या 'वार ऐंड पीस' जैसी किसी कृति की रचना, संस्कारी ब्राह्मण किशोर की महानगर में हकबकाहट, किसी और के धोखे में किसी और का मारा जाना—उपन्यास में आए ये संदर्भ वास्तव में भारतीय समाज की ठोस स्थितियाँ थीं। उपन्यास की कथा में जिन संदर्भों में ये प्रसंग आए हैं, वे महानगरीय जीवन की वास्तविकता के करीब प्रतीत होती है। उनके आरंभिक दोनों उपन्यासों 'कुरु कुरु स्वाहा' और 'कसप' में लेखक ने रोचक कथा सुनाने के साथ-साथ 'समाज-समीक्षा' का अपने लेखकीय दायित्व का भी निर्वहन किया है। आधुनिक बनने के चक्कर में भारतीय मध्यवर्ग किस तरह हास्यास्पद

होता जा रहा है। दोनों उपन्यासों में इससे जुड़े अनेक प्रसंग आए हैं। मध्यवर्गीय जीवन-समाज की इन विडंबनाओं के लिए वे 'दुःचित्तापन' शब्द का प्रयोग करते थे।

मध्यवर्ग और उससे जुड़े विविध आयाम ताउम्र उनके लेखन के प्रिय विषय बने रहे, साहित्य और पत्रकारिता दोनों ही क्षेत्रों में। पहले साहित्यिक कृतियों में आए मध्यवर्गीय समाज के संदर्भों की चर्चा कर लेते हैं। 'कुरु कुरु स्वाहा' उपन्यास के नायक का व्यक्तित्व मध्यवर्गीय मनुष्य के व्यक्तित्व की तरह विभाजित है। इसका नायक त्रिस्तरीय है—एक रोजी-रोटी के चक्कर में पड़ा हुआ है, दूसरा क्रांतिकारी लेखक बनने की दिशा में प्रयासरत है, तो तीसरा अकसर इस तरह के बड़े-बड़े स्वप्न देखता है कि 'मुझे एक ठो एडीटरी मिल जाए। कोई बड़ा प्रोड्यूसर मुझसे फिल्म लिखवा ले। कोई ऐसा चमत्कारी चक्कर चले कि मैं इस काबिल बनूँ कि मात्र हवाई जहाज, इंपाला गाड़ी पर चढ़ सकूँ।' उनके दूसरे उपन्यास 'कसप' के बारे में उसके आमुख में लिखा हुआ है—'यह प्रेमकथा दलिद्दर से लेकर दिव्य तक का हर स्वर छेड़ती है, लेकिन वह ठहरती हर बार उस माध्यम पर है, जिसका नाम मध्यवर्ग है। एक प्रकार से मध्यवर्ग ही इस उपन्यास का मुख्य पात्र है।'

'कसप' में एक मध्यवर्गीय कुनबा है और उस कुनबे में गँवई गाँव के एक अनाथ, भावुक, साहित्य-सिनेमा अनुरागी लड़के और काशी के समृद्ध शास्त्रियों की सिरचढ़ी, खिलंदड़ दबंग लड़की के संक्षिप्त प्रेम की विस्तृत चलती कहानी है। उपन्यास में नायक डी.डी. के संदर्भ में यह संवाद आता है—'डी.डी. जैसे ये युवा आधुनिक समाज बनाएँगे आगे चलकर, जिसमें व्यक्ति की अस्मिता एक पिटे-पिटाए खानदानी नुस्खे तक सीमित नहीं रहेगी, वह अपनी उपलब्धियों के लिए जाना जाएगा—धन की हो, यश की हो, सत्ता या शक्ति की हो। अगर दुर्भाग्य से उस समाज में एक ही बिरादरी के व्यक्ति परस्पर बड़े और छोटे, महत्त्वहीन और महत्त्वपूर्ण होने लगेंगे तो इसी का नाम परिवर्तन है।'

उनके जीवन-काल में प्रकाशित उनके अंतिम उपन्यास 'क्याप' की कथा मध्यवर्गीय सपनों के टूटने-बिखरने से ज्यादा संबंध रखती है। इस

उपन्यास के बारे में प्रसिद्ध आलोचक पुरुषोत्तम अग्रवाल ने लिखा है—"अपने समाज की आधी-अधूरी आधुनिकता और बौद्धिकों की अधकचरी उत्तर-आधुनिकता से जानलेवा ढंग से टकराती प्रेमकथा की यह 'क्याप' बदलाव में सपनों की दारुण परिणति को कुछ ऐसे ढंग से पाठक तक पहुँचाती है कि पढ़ते-पढ़ते मुसकराते रहनेवाला पाठक एकाएक खुद से पूछ बैठे कि अरे! ये पलकें क्यों भीग गईं।"

'क्याप' उपन्यास का संबंध मध्यवर्गीय जीवन की विडंबनाओं से अधिक है। इसमें सबसे अधिक व्यंग्यात्मक टिप्पणियाँ मध्यवर्गीय क्रांतिकारिता को लेकर की गई हैं। मध्यवर्गीय चरित्र किस कदर समझौतापरस्त होता है, इस उपन्यास में बार-बार इससे जुड़े संदर्भ आते हैं। एक प्रसंग में उन्होंने लिखा है—"मैं समझता था कि कम्युनिस्टों को गरीबों के बीच और गरीबों की तरह रहना चाहिए। लेकिन पार्टी अमीर होती जा रही थी। मेरी धारणा थी कि गरीबों को उनका दर्द समझनेवालों की जरूरत है। उनकी नहीं, जो मोटी-मोटी किताबें पढ़कर लंबी-चौड़ी बहसें करते रहते हैं। मैं स्वयं एक वामपंथी बुद्धिजीवी था, लेकिन मुझे यह देख-देखकर क्याप सा लगता था कि हम लोग कॉफी हाउसों में बैठे-बैठे अंग्रेजी पत्र-पत्रिकाओं में छपनेवाले लेखों और कम्युनिस्ट ग्रंथों से उद्धरण दे-देकर वैसा ही शास्त्रार्थ करते हैं, जैसा कि मुफ्त का खा-खाकर मुटाते हुए हमारे ब्राह्मण धर्मग्रंथों से श्लोक ठोक-ठोककर करते आए हैं। यही नहीं, हम भी उनकी तरह ही माले-मुफ्त खा-खाकर मुटाते आए हैं।" इस उद्धरण से पता चलता है कि मध्यवर्गीय क्रांतिकारिता के प्रति उनकी धारणा किस हद तक परिवर्तत हो चुकी थी।

टेलीविजन-धारावाहिकों के इस जनक-लेखक ने टेलीविजन का भारतीय समाज पर पड़नेवाले प्रभावों का मूल्यांकन भी बड़ी गहराई से किया। किस प्रकार टीवी द्वारा एक प्रकार की संस्कृति समाज में प्रचारित की जा रही है, किस प्रकार हमारा मध्यवर्गीय समाज पढ़ना-लिखना छोड़कर टीवी का गुलाम बनता जा रहा है? उनके लेखों में इस नई उभरती प्रवृत्ति की जबरदस्त आलोचना दिखाई देती है। मनोहर श्याम जोशी ने लेखक-पत्रकार के रूप में न तो कभी मसीहाई मुद्रा अपनाई, न ही समाजसुधारक की तरह उपदेशपरक

लेख लिखे—वे सीधी-सहज भाषा में मध्यवर्गीय मानस और उसमें बदलावों का अपने लेखों में यथार्थपरक विश्लेषण करते रहे। राष्ट्रीय सहारा में 20 मार्च, 2004 को प्रकाशित एक साक्षात्कार में उन्होंने कहा था कि समाज को मध्यवर्गीय मानकों से हटकर देखा जाना चाहिए, क्योंकि हम तो पश्चिमी मानकों के अनुसार पूरी तरह आधुनिक भी नहीं हो पाए हैं।

वे मानते थे कि लोकतंत्र का लाभ समाज के हर तबके तक पहुँचे, इसके लिए यह आवश्यक है कि देश में मध्यवर्ग का आधार मजबूत हो। उनका एक लेख है 'लुम्पेन राजनीति और मध्यवर्गीय मूल्य'। इस लेख में उन्होंने बताया है कि मध्यवर्ग आधुनिकता की देन है और आधुनिकता के स्वास्थ्य के लिए समाज में उन जीवन-मूल्यों का बना रहना आवश्यक है जिन्हें मध्यवर्गीय कहा जाता है। इस लेख में उन्होंने इस बात पर चिंता जताई है कि अमेरिका जैसा विकसित देश हो या भारत जैसा विकासशील देश, मध्यवर्ग और उसके जीवन-मूल्य दोनों का अस्तित्व संकट में पड़ता जा रहा है। उन्होंने विस्तार से बताया है कि भ्रष्टाचार के कारण समाज के कुछ वर्गों का तेजी से विकास हो रहा है। लेकिन जो वर्ग इसका हिस्सा नहीं है, उसकी महत्ता समाप्त होती जा रही है। अमीर और गरीब के बीच खाई इतनी बढ़ती जा रही है कि उसके कारण समाज में नवसामंती प्रवृत्तियों का जोर बढ़ता जा रहा है। यह नवसामंती वर्ग चाहे राजनीति में हो या किसी और पेशे में, इनको मध्यवर्गीय अर्थात् आधुनिक जीवन-मूल्यों का संरक्षण करनेवाले व्यक्तियों और मीडिया तथा न्यायालय जैसे संस्थाओं से बहुत परेशानी होने लगी है।

इसी लेख में वे लिखते हैं—"बुश अमेरिका को बिहार बनाने में भले विफल हो जाएँ, हमारे नवसामंत भारत को सांस्कृतिक दृष्टि से अमेरिका और राजनीतिक-सामाजिक दृष्टि से बिहार बनाने में निश्चय ही सफल हो जाएँगे। सो इसलिए कि हमारे समाज पर मध्यवर्गीय मूल्यों की पकड़ बड़ी ढीली है। भारत में अंग्रेज शासकों ने अपना काम-काज चलाने के लिए मध्यवर्ग का विकास जरूर किया, किंतु सामंती ढाँचे को बहुत ज्यादा छेड़ा नहीं। आपने विधायिका, न्यायपालिका और कार्यपालिका जैसी जो आधुनिक संस्थाएँ हमें दीं, वे आजादी की लड़ाई के दौरान हमारे लिए श्रद्धा से अधिक शंका की

पात्राएँ रहीं। आजादी मिलते समय हमारा समाज अर्द्धसामंती था और आजादी के बाद के वर्षों में तमाम तरह के क्रांतिकारी कानून बनने के बावजूद वह अर्द्धसामंती के साथ-साथ नव-सामंती भी बन चला है। इस विचित्र समाज के नेता नेता कम और माफिया-सरगना अधिक हैं। उन्होंने राजनीति का अपराधीकरण किया है तो समूची व्यवस्था का राजनीतीकरण भी।'' उनके लेखों में भारतीय समाज के विविध पहलुओं की बारीक-से-बारीक पड़ताल दिखाई देती है।

अनेक लेखों में उन्होंने इस बात का उल्लेख किया है कि भारत में मध्यवर्गीय मूल्यों को नष्ट करने का काम सबसे अधिक वह राजनीतिक-वर्ग कर रहा है, जिसके ऊपर इसे बनाए रखने की जिम्मेदारी है। इसका कारण यह है कि हमारे देश का राजनीतिक वर्ग धीरे-धीरे नवसामंती होता चला गया है। उनकी आँखों में सबसे अधिक वे लोग खटकते हैं, जो मध्यवर्गीय जीवन-मूल्यों पर चलते हुए अपने परिश्रम और प्रतिभा के बूते बड़े-बड़े उद्यम खड़े कर सकें। हमारे समाज में एक ओर मध्यवर्गीय मूल्य हैं और दूसरी ओर नवसामंती मूल्य, और इन दोनों के बीच एक प्रकार से संघर्ष चल रहा है। नवसामंती वर्ग बात तो आम आदमी की करता है, मगर प्रश्रय हमेशा पूँजीवादी उच्चवर्ग को देता है। अपने एक लेख में उन्होंने लिखा है कि सबसे ज्यादा विस्मय और दुःख का विषय यह है कि मध्यवर्गीय समाज का शिक्षित तबका ही प्रत्यक्ष या परोक्ष रूप से नवसामंतों को समर्थन दे रहा है। धीरे-धीरे हमारे समाज की ऐसी स्थिति बनती जा रही है कि किसी भी तरह का प्रोत्साहन या पुरस्कार प्रतिभा या योग्यता के आधार पर नहीं मिलता। वह प्राप्त होता है नवसामंतों की कृपादृष्टि से।

पिछले करीब एक दशक से मीडिया का एक वर्ग यह दिखाने में लगा हुआ है कि भारतीय समाज तेजी से प्रगति कर रहा है। भारत में शिक्षा का स्तर बढ़ रहा है। तकनीकी-शिक्षा, विशेषकर कंप्यूटर के क्षेत्र में तो भारत ने इतनी प्रगति कर ली है कि दुनिया भर के लोग उसका लोहा मानने लगे हैं। भारत में मध्यवर्ग का तेजी से विस्तार हो रहा है। देश में रोजगार की संभावनाएँ तेजी से बढ़ती जा रही हैं। आनेवाले एक दशक में देश में रोजगार के अवसर

इतने बढ़ जाएँगे कि हर शिक्षित व्यक्ति के लिए रोजगार उपलब्ध होगा। भारतीय समाज की इसी खुशफहम तसवीर के आधार पर 2004 के संसदीय चुनावों में सत्तारूढ़ दल ने 'इंडिया शाइनिंग' का चुनावी नारा दिया। मनोहर श्याम जोशी ने ऐसे समय में अपने एक लेख 'दो करोड़ बेघर, सौ करोड़ बेदर्द' में इस सामाजिक तसवीर का दूसरा पहलू दिखाने का प्रयास किया है। उन्होंने याद दिलाया है कि जिस विकास की बात की जा रही है, जिस सामाजिक प्रगति का ढोल पीटा जा रहा है, वास्तव में वह तसवीर देश के कुछ नगरों की है।

उन्होंने इस लेख में यह याद दिलाया है कि आजादी के बाद से देश की हर सरकार ने रोटी, कपड़ा, मकान दिलाने का वादा किया, लेकिन आजादी के साठ साल बाद भी सरकारी आँकड़ों के अनुसार देश की एक सौ दो करोड़ की आबादी में दो करोड़ लोग ऐसे हैं, जो पूरी तरह बेघर हैं। कल्याणकारी राज्य की अवधारणा के आधार पर काम करनेवाले शासनतंत्र को उनकी कोई चिंता नहीं है। इस लेख में बहुत महत्त्वपूर्ण ढंग से उन्होंने यह सवाल उठाया है कि सामाजिक प्रगति की चर्चा तो खूब की जाती है, लेकिन इस तरह के यथार्थ से मीडिया भी आँखें चुराने लगा है। हमारे समाज की मुकम्मिल तसवीर उसके बिना पूरी नहीं होती।

इस लेख में उन्होंने एक महत्त्वपूर्ण सवाल यह उठाया है कि जैसे-जैसे समाज में नव-पूँजीवाद का जोर बढ़ता जा रहा है, समाज से करुणा का तत्त्व गायब होता जा रहा है। वे लिखते हैं—"हमारे शाइनिंग इंडिया में आधुनिकता इसी हद तक आई है कि हमने सामंतों की तरह धर्मार्थ दान-पुण्य करना और व्यक्तिगत स्तर पर दया करना तज दिया है। सत्ता का व्यक्तिगत लाभ के लिए उपयोग निषिद्ध बतानेवाली आधुनिकता से तो हम अनजान ही रहे, किंतु अमेरिकी पूँजीवादी उत्तर-आधुनिकता का यह मंत्र हमने ग्रहण कर डाला कि लो ही लो, दो मत। करुणा करने में कोई आर्थिक समझदारी नहीं है। जहाँ सामंत गरीबों को बदनसीब, इसलिए भीख का पात्र समझते थे, वहाँ नवपूँजीवादी उन्हें बदनसीब नहीं, मात्र बद ठहराते हैं और उनके प्रति दया दिखाना दुनिया में बदी बढ़ानेवाला मानते हैं।" आश्चर्य की बात यह है कि यह उस देश में

हो रहा है, उस समाज में हो रहा है, जहाँ करुणा की पृष्ठभूमि रही है।

एक अन्य लेख 'महालक्ष्मी के पूजक दरिद्र कैसे' में भी उन्होंने इसी तरह के सवाल उठाए हैं। आई.एम.एफ. जैसी संस्थाओं की रपटें यह बताती हैं कि आनेवाले बीस साल में हम संसार की तीसरी सबसे बड़ी आर्थिक शक्ति बन जाएँगे। हमारे भूतपूर्व राष्ट्रपति ने भी एक पुस्तक लिखकर यह घोषणा की थी कि भारत 2020 तक महाशक्ति के रूप में उभरकर संसार के सामने आएगा। दूसरी ओर अंतरराष्ट्रीय मानकों के अनुसार करीब 35 प्रतिशत लोग गरीबी रेखा के नीचे जीवनयापन कर रहे हैं। समाज में इसके कारण बड़े पैमाने पर असमानता बढ़ रही है। एक तरफ दिल्ली जैसे शहरों में मेडिकल टूरिज्म को बढ़ावा देने की बात की जा रही है। अमेरिका-यूरोप के मुकाबले हमारे यहाँ चिकित्सा-सेवा सस्ती है, इसलिए यह कहा जा रहा है कि विदेशियों को यहाँ इलाज करवाने आने देने की प्रवृत्ति को बढ़ावा दिया जाना चाहिए। दूसरी ओर, सच्चाई यह है कि ग्रामीण क्षेत्रों में लोग बुनियादी चिकित्सा सुविधाओं के लिए तरस रहे हैं। हर सरकार देश में गरीबी मिटाने का दावा करती है, लेकिन गरीबी बढ़ती ही जा रही है। भारत के भूतपूर्व प्रधानमंत्री राजीव गांधी ने भाषण में एक बार कहा था कि गरीबों की भलाई के लिए दिए गए सरकारी रुपए में से पंद्रह पैसा ही गरीब तक पहुँचता रहा।

मनोहर श्याम जोशी ने बाजारवाद के उभार और भारतीय समाज पर उसके पड़नेवाले अलग-अलग तरह के दुष्प्रभावों का काफी गहराई से अध्ययन किया है। किस प्रकार बाजारवाद के नाम पर देश का अमेरिकीकरण होता जा रहा है, किस प्रकार बाजार के दबाव के कारण भाषाओं पर प्रभाव पड़ रहा है ? समाज के मानक महज कुछ वर्षों में कितनी तेजी से बदले हैं ? मनोहर श्याम जोशी ने अपने लेखों में इन समस्त पहलुओं की चर्चा विस्तार से की है। महानगरों के समाज में विषमता और अजनबियत बढ़ती जा रही है। केवल करुणा ही नहीं, समाज से सहिष्णुता का तत्त्व भी गायब होता जा रहा है। एक ऐसा समाज बनता जा रहा है, जिसमें पूँजी की होड़ बढ़ती जा रही है। एकल परिवार का चलन बढ़ रहा है और इसके कारण समाज से बिरादरी-भावना का लोप होता जा रहा है। लोगों में संवेदना घटती जा रही है। समाज के सर्वांगीण विकास

की बात कोई नहीं कर रहा है। इस तरह के अनेक सवाल उन्होंने अपने लेखन के माध्यम से उठाने के बार-बार प्रयास किए हैं।

जो उत्तर आधुनिक समाज बन रहा है, उसमें स्त्रियों को ही सबसे अधिक आजमाया जा रहा है, उनको लेकर तरह-तरह के फतवे दिए जा रहे हैं, तरह-तरह के प्रयोग उनके ऊपर किए जा रहे हैं। कोई समाज कितनी प्रगति कर चुका है, उस समाज में सहिष्णुता का स्तर कैसा है, इसका अंदाजा इस बात से भी लगाया जा सकता है कि उस समाज में औरतों की दशा-दिशा क्या है ? इस मामले में भी हमारे समाज में एक प्रकार का दुचित्तापन है। जोशीजी ने अनेक लेखों में इस दुचित्तापन को व्याख्यायित करने का प्रयास किया है। एक तरफ हमारे समाज में कामकाजी महिलाओं की संख्या बढ़ रही है तो दूसरी ओर वास्तविकता यह भी है कि कन्या भ्रूणों की हत्या में भी तेजी से वृद्धि हो रही है। महिलाएँ आत्मनिर्भर हो रही हैं तो उनके प्रति हिंसा भी बढ़ती जा रही है।

जोशीजी ने अपने लेखों में यह याद दिलाया है कि एक जमाना वह था कि स्त्री को केवल सेक्स की विषयवस्तु समझे जाने को लेकर आधुनिक नारियों को बहुत आपत्ति हुआ करती थी, लेकिन अब एक ऐसा दौर है, जिसमें स्त्रियों को 'सेक्सी' कहना नकारात्मक नहीं समझा जाता। उसे स्त्रियों की प्रगति से जोड़कर देखा जाने लगा है। अंग-प्रदर्शन को पेशे से जोड़कर देखा जाने लगा है। बाजार का शास्त्र उपभोग पर आधारित होता है। उपभोग-आधारित मुक्त बाजार-व्यवस्था में औरतों को भी उपभोग की वस्तु समझा जाने लगा है। फैशन का बाजार तेजी से बढ़ता जा रहा है और उसमें स्त्रियों को भी सौंदर्य-प्रसाधन से अधिक नहीं समझा जाता है। ग्लोबल मीडिया समाज में स्त्रियों के प्रति इसी नजरिए को प्रचारित कर रहा है। समाज में इसका प्रभाव अनेक रूपों में दिखाई देता है। अमेरिका जैसे देश में इसके कारण हर साल दस लाख किशोरियाँ गर्भवती हो रही हैं।

मीडिया के माध्यम से इस बात का प्रचार तो किया जाता है कि भारतीय स्त्रियाँ सबला हो रही हैं, अपनी बात को आग्रहपूर्वक रखने लगी हैं। इसमें कोई संदेह नहीं कि हमारे समाज में महिलाओं की स्थिति बदल रही है और उनका स्वाग्रह जोर पकड़ता जा रहा है; लेकिन इसी से जुड़ी हुई यह बात भी

है कि स्त्री के स्वाग्रह की हमारे समाज में व्यापक स्वीकृति नहीं है। अगर मनोहर श्याम जोशी के शब्दों में कहें तो इस मामले में भी हमारा समाज पूरी तरह से दोचित्ता है। हमारे मध्यवर्ग को बेटियों का स्वाग्रह तो स्वीकार है, पर बहुओं का नहीं। अगर ग्रामीण और गरीब तबकों की बात करें तो उसमें बेटियों का स्वाग्रह अमान्य ही है। वास्तव में, हमारा मीडिया पश्चिमी पूँजीवादी मीडिया की नकल करते हुए स्त्रियों के जिस स्वाग्रह की बात करता है, वह उसके एक खास तरह से कपड़े पहनने और उन्मुक्त भोग की जीवन-शैली अपना लेने से संबंध रखता है।

इस तसवीर का एक दूसरा पहलू भी है। हमारे देश में सभ्य समझे जानेवाले, आर्थिक रूप से खुशहाल तबकों में भी स्त्रियों को प्रेम करने पर जान से हाथ तक धोना पड़ता है। वह चाहे किसी ऊँचे पद पर काम ही क्यों न करती हो, उसे छेड़छाड़ का शिकार बनना पड़ता है। इस संबंध में जोशीजी ने अपने एक लेख में लिखा है—"मीडिया में शहरों और कस्बों की उस मध्यवर्गीय स्त्री का कोई खास जिक्र नहीं होता, जो घर और बाहर अपनी एक नई तथा आधुनिक पहचान बनाने के लिए संघर्ष कर रही है। जो अतिवाद और समझौतापरस्ती दोनों से बचना चाहती है और इसके चलते कभी-कभी दोहरा कष्ट भी पाती है। मीडिया उन देहाती बहनों के स्वाग्रह को भी अकसर नजरअंदाज करता है, जिन्होंने दूर-दराज के पिछड़े क्षेत्रों में स्त्री की दशा सुधारने के लिए सफल अभियान चलाए हैं। मीडिया उसी असर्टिवनेस का कायल है, जो पेज थ्री पर्सनैलिटी की हो।" यह उनके लेखन की विशेषता है कि किसी भी विषय पर लिखते हुए वे हर पहलू से उसके बारे में चर्चा करना आवश्यक समझते हैं और अपनी पत्रकारीय जिम्मेदारी भी।

उन्होंने इस बात पर चिंता व्यक्त की है कि हमारा मीडिया स्त्रियों की एक खास तरह की छवि गढ़ रहा है। एक ऐसी छवि, जो बाजार में उसे सेक्सी साबित कर उसकी उपयोगिता को सिद्ध करे। मीडिया के लिए साड़ी पहनी स्त्री बहनजी है और मिनी स्कर्ट पहननेवाली स्त्री स्वतंत्र तथा स्वाग्रही है। यह एक खतरनाक स्थिति है। स्त्रियाँ भारतीय समाज की धुरी समझी जाती रही हैं, लेकिन बड़ी तेजी से उनकी छवि में बदलाव लाने का प्रयास किया जा

रहा है। अपने एक लेख में उन्होंने बड़ी महत्त्वपूर्ण बात कही है कि रूढ़िवादियों का एक धर्म स्त्रियों को परदा करने के लिए बाध्य करता है और मार्केटिंग विशेषज्ञों का धर्म उसे नग्न होने के लिए प्रेरित करता है। समाज के बंधनों से मुक्त होती स्त्री बाजार की कैद में जा रही है। भविष्य में समाज पर इसके क्या प्रभाव पड़ेंगे, इसकी चर्चा कोई नहीं करता।

उत्तर-आधुनिक समाज में परंपरागत मान्यताएँ टूटती जा रही हैं और सबसे बड़ी बात यह है कि यह केवल हमारे देश में नहीं हो रहा, विकसित पश्चिमी देशों में सामाजिक बंधन अधिक तेजी से टूट रहे हैं। विवाह एक ऐसा ही सामाजिक बंधन है। मनोहर श्याम जोशी ने अपने एक लेख 'और अब पेश है—अविवाह' में समाज में बढ़ती इस प्रवृत्ति का गहराई से विश्लेषण किया है। अमेरिकी समाज में यह माँग जोर पकड़ती जा रही है कि विवाह की तरह ही स्त्री-पुरुषों के साथ-साथ रहने के संबंध को अविवाह के रूप में कानूनी मान्यता मिलनी चाहिए। अमेरिकी कानून को अविवाह को विवाह न मानने की जिद छोड़ देनी चाहिए। आज अमेरिका की पारिवारिक अदालतों में 20 प्रतिशत मुकदमे अविवाहित जोड़ों के 'तलाक' से उत्पन्न होकर आ रहे हैं।

इस लेख में इस प्रवृत्ति का विश्लेषण करते हुए वे लिखते हैं, "अविवाह का चलन दो कारणों से दिन दूना बढ़ रहा है। पहला यह कि उत्तर-आधुनिक दौर में विवाह का कोई खास मतलब नहीं रह गया है और दूसरा यह कि उसे 'दिल दा मामला' बनाकर कुछ ज्यादा ही महत्त्व दे दिया गया है। पहले शादी इसलिए की या कराई जाती थी कि जवानी में कदम रखते ही सेक्स भोगने का अवसर मिले और उसके चलते जो बच्चे हों, उन्हें सामाजिक स्वीकृति, माँ-बाप मिल सकें। गर्भनिरोध के उपाय न होने के कारण तब बदनामी का खतरा उठाए बगैर यौनसुख मिल ही नहीं सकता था। गर्भनिरोध ने सेक्स और प्रजनन का अनिवार्य नाता तोड़ दिया है। विवाहेतर यौन-संबंध में कोई खतरा नहीं रह गया है। बदनामी का तो सवाल ही नहीं उठता, क्योंकि ताजातरीन सर्वेक्षण के अनुसार, अमेरिका में 94 प्रतिशत व्यक्ति यह मानते हैं कि दो व्यक्ति आपसी रजामंदी से क्या करते हैं, क्या नहीं, इससे समाज का कोई

लेना-देना नहीं हो सकता। इसी सर्वेक्षण के अनुसार, शादी का मुख्य उद्देश्य अब लगभग सभी लोगों के लिए 'प्यार पाना-देना' हो चुका है।''

इससे यह पता चलता है कि समाज में उभरनेवाली नई से नई प्रवृत्ति पर वे कितनी गहरी और बारीक नजर रखते थे।

उन्नत तकनीकी के कारण इंटरनेट का युग आया और इतनी तेजी से फैला कि किसी ने कल्पना भी नहीं की होगी। यह कहा जा रहा है कि आज के किशोरों के पास समय का अभाव है, भौगोलिक दूरियाँ इतनी बढ़ती जा रही है कि लोगों का भौतिक रूप से मेलजोल कम होता जा रहा है। ऐसे में इंटरनेट का आभासी संसार एक नया आभासी समाज बना रहा है। फेसबुक, ऑरकुट जैसी अनेक ऐसी साइटें हैं, जो आभासी समुदायों, समाजों के गठन को बढ़ावा देने का काम कर रही हैं। इस आभासी समाज की गतिविधियों पर भी उनकी नजर रहती थी और समय-समय पर उसकी उपलब्धियाँ, नई-नई प्रगतियों की चर्चा भी वे अपने लेखों में किया करते थे। इस 'आभासी समाज' के नागरिकों के लिए वे अपने लेखों में 'नेटबाज' शब्द का प्रयोग करते थे।

अपने एक लेख 'जो है सुहावनो सो है नेटबाजन को' में आभासी संसार और उससे जुड़नेवाले किशोरों की गतिविधियों को लेकर उनकी टिप्पणी बड़ी दिलचस्प है, ''किशोरों के इस उत्साह के मुझे तीन कारण नजर आते हैं। पहला यह कि कंप्यूटर मात्र यंत्र नहीं, ऐसा बहुधंधी खिलौना भी है, जो किशोर-मन में अपार कुतूहल जगाता है। दूसरा यह कि वह यांत्रिक खिलौना होने के साथ-साथ एक स्तर पर दुनिया-जहान की बातें जानने-बता सकनेवाला माई डियर मार्का इनसान भी है। एक सदा उपलब्ध मित्र और सो भी ऐसा, जो आपकी आप जैसों से मित्रता भी करा देता है। और हाँ, एक ऐसा विश्वासपात्र भी, जो आपके भेद किसी पर कभी नहीं खोलता। तीसरा, यह कि नेटबाज बिरादरी किशोरों की तरह चीजें मिल-बाँटने में विश्वास करती है। जैसे हॉस्टलों में लड़के-लड़कियाँ एक-दूसरे के कपड़ों और तेल-फुलेल का प्रेमपूर्वक बेहिचक इस्तेमाल करते हैं, वैसे ही नेटबाज 'फाइल शेयर' करते-कराते हैं।''

अनेक लेखों में उन्होंने इस बात की चर्चा की है कि इंटरनेट, जो कि

संप्रेषण की सबसे नई विधा है, ने समाज में किस तरह कम समय में ही अपनी महत्त्वपूर्ण उपस्थिति दर्ज की है। एक तरफ देश-विदेश में ई-मेल के माध्यम से आप अपने परिजनों, मित्रों से तुरंत संपर्क साध सकते हैं तो दूसरी ओर इसका दुरुपयोग भी बड़े पैमाने पर हो रहा है। आतंकवादी संगठनों से लेकर सेक्स-व्यापारी तक सब इस संप्रेषण-माध्यम का फायदा उठा रहे हैं। 'साइबर प्रेम, सेक्स और शादी' इस विषय पर लिखा हुआ उनका एक रोचक लेख है। इसमें उन्होंने बताया है कि इस माध्यम द्वारा प्रेम-विवाह से लेकर तरह-तरह के अन्य कार्यों के लिए भी इसका उपयोग किया जा रहा है। इसमें कोई संदेह नहीं कि ई-मेल के रूप में पत्र का एक सस्ता विकल्प उपलब्ध हो गया है। साथ ही, उन्होंने बताया कि संप्रेषण के इस माध्यम द्वारा धोखाधड़ी की घटनाएँ भी सामने आ रही हैं। भले यह माध्यम लोगों का अच्छा दोस्त बनता जा रहा है, लेकिन इसे एक विश्वासी दोस्त के रूप में अपने को साबित करना है।

समाज के एक और बड़े विरोधाभास की ओर वे अपने लेखन में अनेक तरह से संकेत देते रहे, वह तकनीकी-प्रधान आधुनिक समाज में किस तरह अंधविश्वास व्याप्त है। किस तरह एक ओर विज्ञान की नई-नई उपलब्धियाँ सामने आ रही हैं तो दूसरी ओर समाज में धार्मिक विश्वास बढ़ता जा रहा है, ज्योतिष का कारोबार बढ़ता जा रहा है। इंटरनेट, मोबाइल फोन जैसी नई-नई तकनीकियों का उपयोग करनेवाला समाज अंधविश्वासी होता जा रहा है। इसके कारणों, इसके परिणामों की पड़ताल भी उन्होंने अनेक लेखों में की है।

मनोहर श्याम जोशी के समाज-चिंतन की सबसे बड़ी विशेषता यह है कि वे सिद्धांतों के माध्यम से सामाजिक गतिविधियों की पड़ताल नहीं करते। उनका अध्ययन-क्षेत्र विस्तृत था, देश-विदेश की अनेक यात्राएँ उन्होंने की थीं, पत्रकारिता सहित संप्रेषण के अन्य माध्यमों के लिए उन्होंने सफलतापूर्वक अनेक वर्षों तक काम किया था। उनके लेखों में उनके अनुभवों का संस्पर्श दिखाई देता है। समाज-हित से जुड़े नए-से-नए विषयों को लेकर उन्होंने सिद्धहस्तता के साथ लेखन किया। उनके लेखों में दोहराव नहीं दिखाई देता।

आर्थिक विचार

मनोहर श्याम जोशी आर्थिक मामलों में विशेषज्ञ नहीं थे। वे विज्ञान-स्नातक थे। लेकिन अध्ययन और पत्रकारिता के अनुभव के आधार पर आर्थिक मामलों पर भी उन्होंने लेखन किया। एक लेखक होने के नाते सामाजिक असमानता के प्रति उनके लेखन में असंतोष दिखाई देता है। उन्होंने उसके कारणों, उसके निदानों की चर्चा अनेक लेखों में की है। अपने एक साक्षात्कार में उन्होंने बताया था कि वे ऐसी दुनिया के कायल रहे हैं, जिसमें अमीरी-गरीबी का भेद समाप्त हो जाए। उन्होंने कहा कि जिस तरह सोवियत संघ की साम्यवादी अर्थव्यवस्था नहीं टिक पाई, उसी प्रकार अमेरिकी पूँजीवादी व्यवस्था और उपभोक्तावादी व्यवस्था का भी अंत होगा। जब तक समाज में आर्थिक असमानता बनी रहेगी तब तक राजनीतिक स्थिरता नहीं आएगी।

पूँजीवादी अर्थव्यवस्था की गहरी आलोचना उनके लेखों में दिखाई देती है। किस प्रकार पूँजीवाद का उपभोक्तावादी अर्थव्यवस्था से गहरा संबंध है, इसका विश्लेषण भी उन्होंने किया है। इस संबंध में उनका एक 'लेख अब तेरा क्या होगा पूँजीवाद' विशेष रूप से पठनीय है। इसमें उन्होंने यह सवाल उठाया है कि यूरोपीय आधुनिकता ने दुनिया को दो प्रकार की जिन अर्थव्यवस्थाओं के विकल्प दिए, उनमें से एक समाजवाद का अंत बीसवीं शताब्दी के अंत होते-होते ही हो गया। उन्होंने लिखा है कि इक्कीसवीं सदी के आरंभ के साथ ही यह सवाल किया जाने लगा है कि अब पूँजीवाद का भविष्य क्या है। इसके संकट के अनेक कारणों की चर्चा इस लेख में उन्होंने की है।

पूँजीवाद के अंतर्विरोधों की चर्चा करते हुए उन्होंने लिखा है—"पूँजीवाद का दावा यह रहा है कि उसमें योग्यता की सफलता की कुंजी होती है और हर इनसान अपनी योग्यता के आधार पर ऊँचा उठ सकता है। लेकिन आज पूँजीवाद ने अमीरी और गरीबी के बीच इतना जबरदस्त फासला पैदा कर दिया है, जितना कि विभिन्न इनसानों की योग्यताओं में हो ही नहीं सकता। पूँजीवाद में आज अमीर की आय गरीब की आय से

हजारों-हजारों गुना अधिक होना एक आम सी बात है। इससे दुनिया के सभी देशों में बड़ी तेजी से असंतोष पनप रहा है। उस आर्थिक असंतोष से वह धार्मिक कट्टरपंथ जन्म ले रहा है, जो व्यक्ति-स्वतंत्रता का हनन करता है और तानाशाही के लिए जमीन तैयार करता है। उधर पूँजीवाद स्वयं तभी सफल हो सकता है जब व्यक्ति-स्वतंत्रता और लोकतंत्र दोनों हों। कहा जाता है कि पूँजीवाद और लोकतंत्र दोनों की सफलता के लिए योग्यता की साधना और मेहनत के फल की मिठास में विश्वास करनेवाले मध्यवर्ग का निरंतर बढ़ते चले जाना परम आवश्यक है। आय का असमान वितरण मध्यवर्ग का आकार घटाने लगा है। अमीर और गरीब सीधी टक्कर में आ रहे हैं, जो कि पूँजीवाद के लिए अच्छा नहीं है।''

उन्होंने लिखा है कि उपभोक्तावाद पूँजीवाद के लिए बहुत आवश्यक है। इसका कारण यह है कि पूँजीवाद का संबंध अगर उत्पादन से है तो उपभोक्तावाद उस उत्पादन के उपभोग से संबंध रखता है। उपभोक्तावादी पूँजीवाद उपभोग की संस्कृति को बढ़ावा दे रहा है। बचत करने की प्रवृत्ति को यह अर्थव्यवस्था समाप्त करने पर तुली हुई है। पूँजीवादी अर्थव्यवस्था में पैसा बचाकर रखने की प्रवृत्ति थी, जबकि अब ऋण लेकर उपभोग करने की प्रवृत्ति को बढ़ावा दिया जा रहा है। इस प्रवृत्ति को वे खतरनाक मानते थे। उन्होंने लिखा है—''विकसित और विकासशील दोनों तरह के देशों में बचत के अभाव और उपभोग के प्रभाव से अर्थव्यवस्था खोखली हो रही है और उसे सुधारने का कोई ठोस और मानवीय उपाय करने का कोई साहस किसी भी राजनीतिक दल में रह नहीं गया है।''

उपभोक्तावादी पूँजीवाद के बारे में उन्होंने लिखा है, ''उपभोक्तावादी पूँजीवाद ने व्यक्ति की स्वतंत्रता को व्यक्ति के स्वार्थ का और व्यक्ति के उद्यम को व्यक्ति की तिकड़म का पर्याय बना डाला है। स्वार्थ की पराकाष्ठा यह है कि संपन्न देशों-वर्गों का आधुनिक इनसान भविष्य की खातिर बच्चे पैदा करना मूर्खता समझने लगा है। पूँजीवादी दृष्टि कह रही है कि बच्चे के लालन-पालन में जितना खर्च आएगा, उसकी एफ.डी. कराना भविष्य के लिए बेहतर निवेश है, क्योंकि धन, श्रम और समय लगाकर पाला हुआ बच्चा

भविष्य में अपनी सोचेगा, हमारी नहीं।" किस तरह उपभोक्तावादी पूँजीवाद अपने जाल में उपभोक्ताओं को फँसाने के लिए तरह-तरह के हथकंडे अपनाता है, इसकी उन्होंने अनेक लेखों में चर्चा की है।

इंटरनेट ने केवल नए संप्रेषण माध्यम के रूप में ही समाज में अपनी उपयोगिता नहीं सिद्ध की है, उसने विश्व-व्यापार को भी प्रभावित करना आरंभ कर दिया है। इंटरनेट के माध्यम से होनेवाले व्यापार को ई-कॉमर्स कहते हैं। ई-कॉमर्स ने जहाँ एक ओर व्यापारियों को व्यापार का एक और माध्यम उपलब्ध करवा दिया है, वहीं इस माध्यम में यह सुविधा भी है कि कोई भी व्यक्ति इसके माध्यम से उपभोक्ता-वस्तु का व्यापार कर सकता है। इस माध्यम के द्वारा व्यापार की सबसे बड़ी सुविधा यह है कि ग्राहक और विक्रेता के बीच इस माध्यम में कोई बिचौलिया नहीं होता। ई-कॉमर्स के इस नए व्यापारिक अवतार पर हिंदी में मनोहर श्याम जोशी ने सबसे पहले विश्लेषणपरक लेख लिखा था। अपने लेख 'ई-कॉमर्स—ई का चीज है?' में उन्होंने व्यापार के इस नए माध्यम की संभावनाओं और सीमाओं की चर्चा विस्तार से की है। किस प्रकार कम समय में ही इस माध्यम ने व्यापार की अपार संभावनाएँ जगा दी हैं। किस प्रकार ई-कॉमर्स नए-नए उद्यमी पैदा कर रहा है? इस लेख में इन बातों की उन्होंने विस्तार से चर्चा की है।

एक तरफ ग्लोबव्यापी अर्थव्यवस्था का विस्तार हो रहा है, दूसरी ओर उस अर्थव्यवस्था के सामने तरह-तरह के संकट भी खड़े किए जा रहे हैं। भ्रष्टाचार ऐसा ही एक संकट है। मनोहर श्याम जोशी काफी पहले से इस विषय पर लिखते रहे। 'साप्ताहिक हिंदुस्तान' में प्रकाशित होनेवाले अपने लोकप्रिय स्तंभ 'नेताजी कहिन' में इसके ऊपर उन्होंने कई लेख लिखे और यह बताया कि किस तरह राजनीतिक वर्ग की दिलचस्पी विकास के मुद्दों से अधिक भ्रष्टाचार के माध्यम से धन-संपदा जमा करने में रहती है। इसके कारण काले धन की समांतर अर्थव्यवस्था विश्व में खड़ी हो गई है। भारत जैसा विकासशील देश हो या पूँजीवादी देश, अमेरिका काला धन इन सारी अर्थव्यवस्थाओं के लिए समस्या का रूप धारण करता जा रहा है। इस काले धन की जड़ में भ्रष्टाचार है। अपने लेख 'बंटाढार करेगा भ्रष्टाचार' में उन्होंने

विस्तार से इस बात का विश्लेषण किया है कि भ्रष्टाचार की जड़ें समाज में कितनी गहरी हैं और विश्व-अर्थव्यवस्था को वह किस तरह नकारात्मक रूप से प्रभावित कर रहा है।

पिछले एक दशक से संसार भर में चीन की अर्थव्यवस्था के विकास को आश्चर्य से देखा जा रहा है। कुछ वर्षों में ही चीन की अर्थव्यवस्था इतनी तेजी से विकसित हुई है कि उसे अमेरिकी पूँजीवादी अर्थव्यवस्था का सबसे बड़ा प्रतिद्वंद्वी माना जा रहा है। आज चीन सीमेंट और इस्पात के उत्पादन में सबसे आगे निकल चुका है और निर्माण कार्य जितने बड़े पैमाने पर वहाँ चल रहा है, उतना दुनिया में और कहीं नहीं चल रहा। ऊर्जा के उपभोग के मामले में अमेरिका के बाद अब उसी का नंबर आता है और सबसे ज्यादा खनिज तेल आयात करनेवालों में वह देश तीसरे नंबर पर पहुँच चुका है। पिछले 15 वर्षों में अमेरिका को चीन से निर्यात में 1600 प्रतिशत की वृद्धि हुई है, जबकि अमेरिका से चीन को निर्यात में 415 प्रतिशत की। जोशीजी ने अपने एक लेख 'चीन ने चारों खाने कर दिया चित्त' में चीन की अर्थव्यवस्था का विस्तार से विश्लेषण किया है और यह जानने का प्रयास किया है कि चीन की अर्थव्यवस्था के इस तीव्र विकास के क्या कारण हो सकते हैं? उन्होंने लिखा है कि चीन अपनी पुरानी सामाजिक विशेषताओं की नींव पर अपना आधुनिक तंत्र खड़ा कर रहा है और यह उसकी समृद्धि का राज है।

नव-पूँजीवाद मनोहर श्याम जोशी के अध्ययन-विश्लेषण का एक प्रिय विषय रहा है। नव-पूँजीवाद एक ओर विश्व में उपभोक्ता-बाजार को बढ़ावा दे रहा है तो दूसरी ओर वह अनेक प्रकार की समस्याओं का भी कारक माना जाने लगा है। अमेरिकी समाज में इसने अनेक प्रकार की समस्याओं को जन्म दिया है। एक लेख 'बरबादी पर तुली खुशहाली' में इन संकटों की विस्तार से चर्चा की है। इस लेख में उन्होंने बताया है कि अमेरिका में दुनिया की साढ़े चार फीसदी आबादी ही रहती है, मगर दुनिया के कुल निजी उपभोग-व्यय में अमेरिका का हिस्सा तीस प्रतिशत है। दूसरी ओर दक्षिण एशिया के देशों में दुनिया की कुल साढ़े बाईस फीसदी आबादी रहती है, लेकिन निजी उपभोग-व्यय में उसका हिस्सा केवल दो प्रतिशत है। इसके कारण अमेरिकी

समाज में अनेक तरह की समस्याएँ पैदा हो रही हैं।

उन समस्याओं की चर्चा करते हुए वे लिखते हैं, "नव-पूँजीवाद ने शॉपिंग मॉल को लोगों के जीवन में वही केंद्रीय महत्त्व दिलवा डाला है, जो कभी पूजाघरों का हुआ करता था। 'शॉपिंग' अमेरिका में एक राष्ट्रीय व्यसन बन चुका है। वहाँ अकेले उदास लोगों में यह व्यसन कभी-कभी बाकायदा मनोरोग का रूप ले लेता है। सच तो यह है कि चीजों की बरबादी में अपनी चाँदी देखनेवाले नव-पूँजीवाद ने सबको ही इस अर्थ में मानसिक रूप से रोगी बना डाला है···उन्हें इसमें कुछ भी गलत नहीं लगता कि अमेरिका दुनिया का एक चौथाई खनिज तेल खुद इस्तेमाल कर ले रहा है। उनकी अंतरात्मा को इस तथ्य से कोई कष्ट नहीं होता कि हम प्रसाधन सामग्री पर जितना पैसा खर्च करते हैं, उतने पैसे में सारी दुनिया से भुखमरी मिटाई जा सकती है, सबको साक्षर बनाया जा सकता है और सबके लिए पीने के साफ पानी की व्यवस्था हो सकती है।"

एक सच्चे पत्रकार की तरह आर्थिक पक्ष पर लिखते हुए, आर्थिक विषयों की चर्चा करते हुए उन्होंने हमेशा आम आदमी के दृष्टिकोण से चीजों को देखने-समझने का प्रयास किया। आर्थिक समृद्धि की चर्चा करते हुए वे इस बात को भी नहीं भूलते कि इसी दौर में करोड़ों लोग बेघरबार हो रहे हैं। इस दौर में जबकि भारत में रोजगार में वृद्धि हो रही है, पहले से अधिक पैमाने पर बेरोजगारी बढ़ रही है।

सांस्कृतिक-साहित्यिक चिंतन

मनोहर श्याम जोशी का कार्यक्षेत्र विस्तृत रहा और उनका लेखन भी। हर प्रकार के विषय पर उन्होंने कलम चलाई। लेकिन हिंदी समाज में उनकी स्थायी पहचान बनी संपादक, उपन्यासकार और टीवी धारावाहिक लेखक के रूप में। उपन्यासकार के रूप में उनकी गणना हिंदी के श्रेष्ठ उपन्यासकारों में की जाती है। मनोहर श्याम जोशी साहित्य या संस्कृति से जुड़े पहलुओं को लेकर किसी प्रकार का सैद्धांतिक लेखन नहीं किया। उनका समस्त विचारपरक लेखन पत्र-पत्रिकाओं में ही प्रकाशित हुआ। उनके लेखन की यह बहुत बड़ी विशेषता रही है कि उन्होंने तात्कालिक समझी जानेवाली टिप्पणियों को गंभीर-

विमर्श का माध्यम बनाया।

जैसा कि पहले चर्चा हो चुकी है कि मनोहर श्याम जोशी अपने लेखन और विचारों में उत्तर-आधुनिक विचारों के हामी थे। आधुनिकता कला और संस्कृति के क्षेत्र में उच्च-कला और निम्न-कला का भेद करती थी, जबकि उत्तर-आधुनिक विचारकों के लिए कला का यह भेद बेमानी होता है। मनोहर श्याम जोशी का एक व्याख्यान है 'मास मीडिया और साहित्य'। इस व्याख्यान में उन्होंने विस्तार से कला-संस्कृति संबंधी इस अवधारणा की चर्चा की है। उन्होंने लिखा है—"उत्तर-आधुनिकता ने एक ओर साहित्य को पौराणिक और लोक-कथाओंवाला तेवर देना शुरू किया है तो दूसरी ओर यह जताने की कोशिश की है कि मास-कल्चर आधुनिक नागर-समाज की लोक-संस्कृति ही है। वह यहाँ तक कह सकती है कि जिसे आज प्राचीन युगों का श्रेष्ठ साहित्य ठहराया जा रहा है, वह स्वयं अपने युग के मास कल्चर का एक अंश था। इस सिलसिले में इतालवी विद्वान् उम्बर्तो इको ने यहाँ तक लिख दिया कि यूनानी त्रासदियाँ और शेक्सपियर के नाटक अपने-अपने युग के सोप-ऑपेरा थे। आम जनता उन्हें उसी चाव और लगाव से देखती थी, जैसे वह आज टेलीविजन सीरियल्स को देखती है और कोई अचरज नहीं कि आज के सोप-ऑपेरा कभी आगे चलकर विद्वानों द्वारा गंभीर अध्ययन के विषय मान लिये जाएँ।"

मनोहर श्याम जोशी अपने दौर के अनेक जन-संस्कृति माध्यमों से जुड़े। पत्रकारिता और पटकथा-लेखक के रूप में उनके काम को पर्याप्त स्वीकृति भी मिली। अपने इसी लेख में उन्होंने टेलीविजन के हवाले से यह सवाल उठाया है कि टेलीविजन एक ऐसा माध्यम है, जिसकी पहुँच व्यापकतम है। जनता को इस पर दिखाए जानेवाले कार्यक्रम सबसे अधिक प्रभावित करते हैं। फिर इससे परहेज क्यों किया जाता है? अगर इस माध्यम की पहुँच जन-जन तक है तो क्यों न इस माध्यम से जुड़कर जन-जन तक अपनी बात पहुँचाने का प्रयास करना चाहिए? क्यों नहीं इस माध्यम से जुड़कर इसके बेहतर उपयोग के प्रयास किए जाने चाहिए? इसके प्रति नकारात्मक रवैया अपनाने से आखिर क्या हासिल हो सकता है?

ऐसा नहीं है कि मास-मीडिया या टेलीविजन-सिनेमा जैसे माध्यमों के

नकारात्मक प्रभाव से वे अवगत न रहे हों। इसी लेख में उन्होंने लिखा है, ''इसमें भी कोई संदेह नहीं कि मंडी के इशारों पर नाचनेवाला मास मीडिया ज्यादातर कचरा ही परोसता है। इस संबंध में अमेरिकी लेखक-दिग्दर्शक-हास्य-अभिनेता वुडी एलेन की यह उक्ति अकसर उद्धृत की जाती है कि हॉलीवुड के साफ-सुथरा होने का राज यह है कि वहाँ फिल्म और टेलीविजन निर्माता सारे कूड़े-कचरे को अपनी कृतियों में बदल देते हैं।'' वे इस बात से अच्छी तरह वाकिफ थे कि इस तरह के मनोरंजन-माध्यम जनता के हितों का ध्यान नहीं रखते, उनका ध्यान अपने मुनाफे पर होता है। इसके बावजूद कि भारत में टेलीविजन माध्यम से जुड़नेवाले वे सफलतम लेखक थे। वे बहुत ईमानदारी से यह बात कहते और लिखते थे कि इस माध्यम में लेखक को रचनात्मक स्वतंत्रता नहीं होती है और उनको अपने मन के मुताबिक नहीं, दूसरों के कहे के मुताबिक लिखना पड़ता है। चाहे कितना ही अच्छा लेखक हो, धारावाहिकों की सफलता का श्रेय उसे नहीं दिया जाता, विफलता का श्रेय जरूर उसे दिया जाता है।

हमारे देश में मीडिया की भूमिका समाज में प्रबल होती जा रही है। समाज में टेलीविजन-संस्कृति का वर्चस्व बढ़ता जा रहा है। टेलीविजन समाज में उपभोक्तावाद को बढ़ावा दे रहा है। उन्होंने अपने लेख 'अथ राजा भोंदू बक्सा संस्कृति' में लिखा है—''आज हर कहीं बच्चे व्यस्त माँ-बाप की नहीं, सतत उपलब्ध मीडिया की गोद में खेलकर बड़े हो रहे हैं, खासकर टीवी की। क्योंकि आधुनिक माता-पिता के लिए बच्चों को बहलाए रखने का उससे ज्यादा सस्ता और सुविधाजनक जरिया कोई नहीं है। बचपन से ही वे नव-पूँजीवाद के आदर्श ग्राहक और राजनीतिक समर्थक बन जाते हैं। राजा भोंदू बक्सा अपनी संतति को यह नेक सीख देते हैं कि आधुनिकता का मतलब स्वतंत्रता है और वह स्वतंत्रता ही क्या जिसमें अनैतिकता का निषेध हो।''

जब से टेलीविजन-माध्यम घर-घर का लोकप्रिय माध्यम बना है, उसको लेकर दो तरह के विचार सामने आ रहे हैं। एक तरफ यह कहा जा रहा है कि यह माध्यम समाज में अपसंस्कृति को बढ़ावा दे रहा है, मनोरंजन को ही समाज में मूल्य की तरह स्थापित कर रहा है, उपभोक्ता संस्कृति को बढ़ावा दे रहा है। दूसरी तरफ, विद्वानों का एक वर्ग ऐसा है, जो यह मानता है कि टीवी-माध्यम

लोगों में जागरूकता फैलाने का काम कर रहा है, भारत जैसे तीसरी दुनिया के देशों में वह कमजोरों को शक्तिशाली बना रहा है। यह एक ऐसा माध्यम है, जो अनपढ़ लोगों तक भी उसी तत्परता से संदेश पहुँचा सकता है जिस तत्परता से वह साक्षर लोगों के बीच संदेश पहुँचाता है। एक तरह के शोध में यह बताया जाता है कि यह माध्यम बच्चों को हिंसक बना रहा है, अकाल-परिपक्व बना रहा है। दूसरे तरह के अध्ययन में यह बताया जाता है कि यह बच्चों को चतुर सुजान बना रहा है।

'एवरीथिंग बैड इज गुड फॉर यू' नामक पुस्तक के लेखक स्टीवन जॉनसन सामाजिक टिप्पणीकार हैं। इस पुस्तक में यह बताया गया है कि हम जिसे बुरा मनोरंजन कहते हैं, वह वास्तव में हमें बौद्धिक दृष्टि से बेहतर बनाता है। उसने आँकड़ों के माध्यम से इस बात को सिद्ध करने का प्रयास किया है। स्टीवन ने अपने इस अध्ययन में बताया है कि बुरा मनोरंजन भले हमें कोई सीख न देता हो, आज की परिस्थितियों में जीना अवश्य सिखाता है। जीवन अब पेचीदा-खेल जैसा हो गया है और उसका उन नैतिक आदर्शों से कुछ लेना-देना नहीं रह गया है, जो साहित्य को बहुत प्रिय थे। मनोहर श्याम जोशी अपने लेख 'बुरा मनोरंजन बुद्धि के लिए बेहतर है' में इसी संदर्भ में यह याद दिलाते हैं कि "स्टीवन की और तमाम बातें ठीक हैं, पर वह यह भूल गए हैं कि ज्ञान और चतुराई में अंतर होता है। यह भी कि बुरे मनोरंजन के प्रभाव से लोगों में बातें पढ़ और समझ सकने की तथा अपनी बात विस्तार से दूसरे तक पहुँचा सकने की क्षमता घटती चली जा रही है एवं अनैतिकता के साथ-साथ समाज में अज्ञान भी बढ़ रहा है। केवल चतुराई काफी नहीं। ज्ञान और नैतिक बोध भी आवश्यक है समाज के लिए।"

उनका एक अन्य लेख है 'अथ टीवीकांता संतति'। इस लेख में उन्होंने मेरी विन की पुस्तक 'द प्लग इन ड्रग' के हवाले से यह बताया है कि टीवी-संस्कृति का बच्चों के ऊपर क्या दुष्प्रभाव पड़ रहा है। एक अन्य विद्वान् रॉबर्ट पटनम के हवाले से वे लिखते हैं, "टीवी देखने के चक्कर में माँ-बाप, भाई-बहन, पास-पड़ोस के संपर्क में अपेक्षाकृत कम आनेवाले बच्चे न सामाजिक शिष्टाचार सीख पाते हैं, न बिरादरी भावना से जुड़ पाते हैं।···टीवी का चलन

हो जाने के बाद आई पीढ़ियों में स्वार्थ बढ़ गया है और सामुदायिकता घट गई है। हर कोई मनमौजी होता जा रहा है, समाज की किसी को चिंता नहीं है। कई लोग खुश हैं कि टीवी की गोद में पले बच्चे बड़ी जल्दी 'सयाने' होते जा रहे हैं। लेकिन सच यह है कि वे सयानों जैसी बातें, हरकतें भले ही करने लगें, रह नासमझ और बचकाने ही जा रहे हैं। यही वजह है कि टीवी पर पली पहली बुजुर्ग पीढ़ी में बेहद लड़कपन है। उसकी राजनीति तक में धैर्य और ध्यान की कमी है और वह एक के बाद दूसरा तमाशा करना चाहती है।''

उत्तर-आधुनिक दौर की संस्कृति को मनोहर श्याम जोशी 'नो ब्राउ संस्कृति' की संज्ञा देते हैं—नो ब्राउ संस्कृति, यानी वह संस्कृति जिसमें उच्चतर और हीनतर कला का भेद नहीं होता। आधुनिकता के दौर में कला का विभाजन 'हाइ ब्राउ' यानी उच्चतर और 'लो ब्राउ' यानी निम्नतर के रूप में किया जाता था। बाजारवाद ने उच्च कला, उच्च संस्कृति और निम्न संस्कृति के भेद को मिटा दिया है। जॉन सीब्रुक नामक विद्वान् के हवाले से उन्होंने लिखा है, ''अब बाजार की संस्कृति है और संस्कृति का बाजार है।'' बाजार में हर वस्तु बिकने के लिए आती है और इस क्रम में उसकी गंभीरता, उसकी दिव्यता नष्ट हो रही है। कला की उत्कृष्टता इस बात से तय हो रही है कि उसकी बाजार में क्या कीमत है। संस्कृतियों के इस भेद के मिटने से हुआ यह है कि संस्कृति के नाम पर मनोरंजन का बाजार बढ़ता जा रहा है।

अपने लेख 'नो ब्राउ संस्कृति—घटिया-बढ़िया एक समान' में उन्होंने लिखा है—''सीब्रुक के अनुसार घटिया और बढ़िया, सुरुचि और कुरुचि में भेद मिटाने की दिशा में एक दिलचस्प बात यह हुई है कि उपभोग की साधारण सामग्री को विशिष्ट का दरजा भी दे दिया गया है। न्यूयॉर्क के गली-कूचों में रहनेवाले गरीब और अपराधों से आजीविका चलानेवाले लड़कों के संगीत रैप को अमीरों का संगीत भी बना दिया गया है। गरीबों की पोशाक जींस और टी-शर्ट अमीरों की पोशाक बना दी गई। फिर भी अमीरी-गरीबी में फर्क बनाए रखने के लिए उसकी कीमत में फर्क रखा गया। जो चीज गरीब के लिए तीन डॉलर की है, वह अमीरों के लिए तीन सौ डॉलर की है। उत्पादक, वितरक, बाजार-विशेषज्ञ और मीडिया मिलकर जिस नो ब्राउ संस्कृति को प्रतिष्ठित कर

रहे हैं, वह हमारी नई सदी के लिए बहुत खतरनाक साबित हो सकती है; क्योंकि इस सदी की समस्याएँ समाधान के लिए बुद्धि और विवेक की माँग करेंगी, जबकि नो ब्राउ बुद्धिहीनता और विवेकहीनता को समर्पित है।''

मनोहर श्याम जोशी के संस्कृति-विषयक लेखों को पढ़ने से यह पता चलता है कि न उनके यहाँ परंपरा का महिमामंडन है, न ही नई बनती संस्कृति का वे खुलकर स्वागत ही करते हैं। धारावाहिक-लेखक के रूप में वे लोकप्रिय संस्कृति के पुरस्कर्ता भी रहे, लेकिन उनके लेखों में मास-मीडिया द्वारा फैलाई जा रही संस्कृति की तीखी आलोचना भी मिलती है। बहुपठित विद्वान् की तरह तर्कों के माध्यम से वे अपनी बात रखते हैं और बाजार द्वारा फैलाई जा रही संस्कृति के संदर्भों को समझने-समझाने का प्रयास करते हैं। वे यह नहीं कहते कि भारतीय संस्कृति के आदर्श उच्चतर हैं, लेकिन वे इस बात पर चिंता अवश्य व्यक्त करते हैं कि हमारे समाज में अमेरिकी संस्कृति का अंधानुकरण बढ़ रहा है।

साहित्यिक चिंतन

मनोहर श्याम जोशी ने साहित्य के बारे में सैद्धांतिक चिंतन अलग से नहीं किया। पत्र-पत्रिकाओं में वे टिप्पणियाँ तो लिखते रहे, मगर अलग से साहित्यिक विषयों पर उन्होंने निबंध कम ही लिखे। साहित्य के बारे में उनके अधिकतर विचार अलग-अलग साक्षात्कारों में प्रकट हुए हैं। अलग-अलग संदर्भों में इन्होंने साहित्य से जुड़े अलग-अलग मुद्दों पर अलग-अलग तरह के विचार प्रकट किए हैं।

एक साक्षात्कार में उन्होंने साहित्य की चुनौतियों की चर्चा करते हुए कहा था—''यह समय साहित्य के लिए सबसे बड़ी चुनौती का समय है। अगर आप व्यंग्य लिखते हैं तो जितना बड़ा व्यंग्य आज हमारे देश में रोज होता है, उसकी तो आप कल्पना भी नहीं कर सकते। सामाजिक उथल-पुथल तो लेखक के लिए बहुत बड़ी चुनौती है।···हमारे देश की राजनीति का, समाज का उद्धार तभी होगा जब हम अपने पिछड़ेपन से जुड़ेंगे, उसे नकारेंगे नहीं। अगर आप उससे जुड़ेंगे तो उसे अपने साथ जोड़ेंगे। उसे कहीं आगे बढ़ाएँगे। साहित्य की

भी यही स्थिति है। इसका विकास भी तभी होगा। आप मध्यवर्ग की रोमानी दुनिया में जाकर कोई क्रांति नहीं कर सकते। क्रांति या सामाजिक परिवर्तन तभी होगा जब आप पिछड़ेपन से जुड़ेंगे, क्योंकि जिसे पिछड़ा कहा जाता है, वही वास्तव में आपका अपना होता है, आपकी अपनी परंपरा का हिस्सा होता है।''

''विडंबना की बात यह है कि अब तक हमारे यहाँ कथा-साहित्य में जितने भी आंदोलन हुए वे शुद्ध रूप से पश्चिमी आंदोलन थे। भारत से बाहर कथा-साहित्य में एक ऐसा आंदोलन शुरू हुआ है, जो सचमुच तीसरी दुनिया के देशों का है, उसकी हिंदी में कोई चर्चा नहीं है। जिस साहित्य को उत्तर-आधुनिक कहते हैं, उसके ज्यादातर लेखक लैटिन अमेरिकी देशों के हैं। अर्जेंटीना के लेखक बोर्खेज ने यह ऐलान किया कि हम पश्चिम के सभी कथा-आंदोलनों को नकारते हैं। हम जीवन के प्रति रोमानी दृष्टि को नकारते हैं, आदि-आदि। इन लोगों ने पंचतंत्र शैली की कहानियाँ लिखी हैं। यह जो साहित्य है, नितांत पढ़े-लिखे लोगों द्वारा लिखा गया है। इस तरह का लेखन घोषित कम्युनिस्टों द्वारा भी किया गया है। हमारे यहाँ अगर ऐसा कोई लिखे तो कहा जाएगा कि भूत-प्रेत की कहानियाँ लिख रहा है। उसकी निंदा की जाएगी। मैं यह नहीं कहता कि हम पश्चिम की नकल में लेखन कर रहे हैं, मेरा यह मानना है कि हमारी शिक्षा-दीक्षा, हमारे सोच पर पश्चिम का असर है।

मनोहर श्याम जोशी वैसे साहित्यकारों में रहे जो बहुपठित थे। अंग्रेजी भाषा के माध्यम से उन्होंने विदेशी साहित्य और साहित्य-सिद्धांत का जमकर अध्ययन किया था तथा लेखन में या साक्षात्कार के दौरान उन संदर्भों की चर्चा भी करते थे। मनोहर श्याम जोशी के उपन्यासों की यह विशेषता रही कि उन्होंने स्थानीय संदर्भों से जोड़कर लिखा। उनके ज्यादातर उपन्यासों के संदर्भ कुमाऊँ के जीवन और उसकी भाषा के रहे। अपनी एक बातचीत में उन्होंने बताया था कि हिंदी के प्रसिद्ध कवि श्रीकांत वर्मा के पास उन्हें अर्जेंटीना के लेखक बोर्खेज की पुस्तक 'फिक्शंस' पढ़ने को मिली। उसे पढ़कर उन्हें महसूस हुआ कि पश्चिम की परंपरा से अलग हटकर लेखन किस प्रकार का होता है। बाद में मार्केस के उपन्यास 'वन हंड्रेड ईयर्स ऑफ सॉलीट्यूड' पढ़कर यह समझ में आया कि किस्से-कहानियों, फंतासी के उपयोग द्वारा भी साहित्य लिखा जा

सकता है, जादुई यथार्थवाद का किस तरह रचनात्मक उपयोग होता है।

अपने एक साक्षात्कार में उन्होंने बताया है—''पहले मैं बहुत दिनों तक सोचता रहा कि रचनाकार अपनी पैतृक विरासत, अपने संस्कार, अपने आरंभिक परिवेश को दरकिनार कर कुछ लिख सकता है। एक लंबे अरसे तक मैं सोचता रहा कि शायद जोशीजी 'एक ठो वार ऐंड पीस और एक ठो वेस्टलैंड' हिंदी साहित्य को दे पाएँगे आगे चलकर कभी। बहुत बाद में यह समझ में आया कि यह लगभग असंभव है। मैं चाहे कुछ भी कर लूँ अपने लेखन में मगर बुनियादी तौर से एक खास कुमाऊँनी ब्राह्मण के घर में, एक खास परिस्थिति में पैदा हुआ और पला-बढ़ा व्यक्ति ही रहूँगा।'' मनोहर श्याम जोशी ने एक लंबे अंतराल के बाद जब दुबारा लिखना शुरू किया और उनके उपन्यासों में कुमाऊँनी जीवन-परिवेश का चित्रण होने लगा, आत्मचरितात्मक बातें होने लगीं। उनका यह मुहावरा पाठकों को इतना पसंद आया कि वे हिंदी के अग्रगण्य उपन्यासकारों में गिने जाने लगे।

जोशीजी साहित्य के किसी आंदोलन से संबद्ध नहीं रहे। जिन दिनों वे कहानियाँ लिख रहे थे, 'नई कहानी' आंदोलन का दौर था, लेकिन वे उसका हिस्सा नहीं रहे। दिल्ली में अज्ञेयजी के सान्निध्य में कविता लिखते रहे। अज्ञेयजी को 'तीसरा सप्तक' के लिए जोशीजी ने समय पर कविताएँ नहीं दीं और कविता के एक महत्त्वपूर्ण आंदोलन का हिस्सा बनने से रह गए। स्वयं को वामपंथी कहते रहे, लेकिन किसी वामपंथी साहित्य-आंदोलन का हिस्सा नहीं बने। हर तरह के आंदोलन, वाद से वे दूर ही रहे। एक साक्षात्कार में इस संबंध में उन्होंने विस्तार से बताया है—

''साहित्य में आंदोलनों से ही कुछ नहीं होता। यह भी एक विचित्र बात है कि सबसे बड़ा आंदोलनबाज देश फ्रांस है, परंतु वहाँ भी जो बड़े-बड़े आंदोलनकारी हुए, वे कभी बड़े लेखक नहीं हुए। जो बड़े लेखक हुए उनका संबंध आंदोलनों से उतना नहीं रहा। जैसे एजरा पाउंड बहुत बड़े आंदोलनकर्ता थे, किंतु टी.एस. इलियट बिना किसी आंदोलन के ही उनसे बहुत आगे निकल गए; क्योंकि उनमें अपनी प्रतिभा थी। आंदोलन चलानेवाले कहीं भी बड़े साहित्यकार नहीं हुए। या तो आप आंदोलन कर लीजिए या साहित्य। हिंदी में

तो मोटे तौर पर आंदोलन दो ही हुए और बार-बार उन्हें ही दोहराया जाता रहा है। एक प्रगतिशील आंदोलन था, जो कभी समाप्त नहीं हुआ। दूसरा आंदोलन रूपवाद का था। इसमें आप अज्ञेय का नाम ले सकते हैं या उससे भी पहले जाएँ तो प्रसाद का नाम ले सकते हैं। इनके बारे में कहा जाता है कि ये सौंदर्यवादी लोग थे।''

मनोहर श्याम जोशी द्वारा लिखे गए उपन्यासों को अनेक कारणों से उत्तर-आधुनिक कहा जाता है। एक तो उनमें स्थानीयता का संदर्भ आया। ऐसे अनेक तरह के संदर्भ आते हैं, जो उनके उपन्यासों में अतिरिक्त व्याख्या की माँग करते हैं। जैसे प्रेमकथा में भदेस। इसके उदाहरण के रूप में 'कसप' उपन्यास की बात की जा सकती है या 'कुरु कुरु स्वाहा' में वेश्या की कथा के साथ-साथ देवी की कथा का होना, कॉस्मिक-कॉमिक का चक्कर। प्रेमकथा होती है तो उसकी उत्तर-कथा भी है, उपन्यास की कथा में साहित्यिक या आत्मपरक संदर्भ आते रहते हैं। उनके उपन्यासों में अनेक कथाओंवाली एक ऐसी कथा होती है, जिसके अनेक-अनेक संदर्भ होते हैं।

उन्होंने एक साक्षात्कार में बताया है कि लेखक दो तरह के होते हैं। एक वे जो रोमानी दृष्टिकोण के होते हैं, जो किसी चीज को अपनी विचारधारा या आदर्श के प्रभाव में देखते हैं। दूसरे तरह के लेखक वे होते हैं, जो किसी वस्तु और उसके प्रभाव का आकलन उसकी संपूर्णता में करते हैं। वे क्लासिकी दृष्टिकोणवाले लेखक कहलाते हैं। प्रारंभ में सभी लेखक रूमानी दृष्टिकोण वाले होते हैं। सब के सब यह सोचते हैं कि उनको क्रांतिकारी समझा जाए। लेकिन वही लेखक जब नौकरी करने लगता है, संपादक बन जाता है तो उसको मन-ही-मन कहीं लगने लगता है कि मैंने समझौता कर लिया है। इसके कारण क्रांतिकारिता से एक प्रकार की दूरी पैदा हो जाती है। उसके बाद भी अगर वह क्रांतिकारी बातें करता है, रूमानी दृष्टि से लेखन करता है तो लेखक के रूप में उसकी विश्वसनीयता पर प्रश्नचिह्न लग जाता है।

लेखक अपनी विश्वसनीयता को किस तरह बनाए रखे? अपने लेखन को किस तरह जस्टिफाई करे? कुछ लेखक इस विवशता को समझते हैं कि रोजी-रोटी के लिए हमें नौकरी करनी पड़ रही है और अब हमें जीवन को

बदले हुए रूप में, बदले हुए संदर्भों में देखना चाहिए। केवल रूमानी सपनों की बात ही नहीं की जानी चाहिए, उन सपनों को उनकी संपूर्णता में देखना चाहिए। जब हम इस तरह से सोचते हैं तो क्लासिकी दृष्टिकोण हो जाता है। जोशीजी ने बताया कि उन्होंने अपने लेखन में क्लासिकी दृष्टि अपनाई। अच्छाइयों के साथ-साथ बुराइयों की कथा भी कही, मनुष्य को उसकी कमजोरियों के साथ देखने का प्रयास किया।

उन्होंने अपने एक अन्य साक्षात्कार में कहा था कि हिंदी के लेखक महत्त्वाकांक्षी नहीं होते। रूप और वस्तु की बात तो बहुत करते हैं, लेकिन रूप और वस्तु को लेकर कोई बड़ा प्रयोग नहीं करते। हिंदी का साहित्य मध्यवर्गीय मानकों से ऊपर नहीं उठ पाया। स्वयं उपन्यासों में उन्होंने अनेक प्रयोग किए। हर बार वे प्रयोग के स्तर पर, कथा के स्तर पर, भाषा के स्तर पर कुछ नया रचने, कुछ नया कहने का प्रयास करते रहे। 'हमजाद' उनका एक ऐसा उपन्यास है, जो देवनागरी लिपि में खालिश उर्दू भाषा में लिखा गया है। 'कसप' कुमाऊँनी भाषा के सुंदर प्रयोग के लिए याद किया जाता है।

समसामयिक प्रमुख घटनाओं पर दृष्टिकोण

मनोहर श्याम जोशी का पत्रकारीय लेखन नियमित नहीं रहा। जब तक सहायक संपादक के रूप में 'दिनमान', 'साप्ताहिक हिंदुस्तान' जैसी पत्रिकाओं से जुड़े रहे, उन पत्रिकाओं के हर अंक में लेखन करते रहे। 1982 में 'साप्ताहिक हिंदुस्तान' के संपादक पद से हटने और 1984 में हिंदुस्तान टाइम्स समूह की नौकरी छोड़ने के बाद पत्र-पत्रिकाओं में सम-सामयिक विषयों पर उनका लिखना न के बराबर हो गया। 1999 में उन्होंने 'दैनिक हिंदुस्तान' में 'इक्कीसवीं सदी' शीर्षक से स्तंभ लिखना शुरू किया। 2002 में जब 'आउटलुक' हिंदी पत्रिका आरंभ हुई तो उसमें उन्होंने नियमित स्तंभ लिखा। ये दोनों ही स्तंभ पाठकों के बीच काफी लोकप्रिय हुए।

एक पत्रकार-लेखक होने के नाते मनोहर श्याम जोशी समसामयिक घटनाओं पर पैनी नजर रखते थे और अनेक कोणों से उनका विश्लेषण करने के बाद ही उस पर किसी प्रकार की टिप्पणी करते थे। 1989 में सोवियत संघ के

विघटन के बाद अपने एक साक्षात्कार में उन्होंने कहा था, "सोवियत प्रयोग की विफलता मेरे लिए पश्चिम की आधुनिकता, वैज्ञानिकता और उदार मानवीयता तीनों को संदिग्ध बनानेवाले एक लंबे घटनाक्रम की अंतिम से पहली कड़ी है। अंतिम कड़ी में अमेरिका का जेटयुगीन पूँजीवाद और सर्वग्रासी उपभोक्तावाद धूल में मिलेगा।" वे पश्चिम की आधुनिकता, वैज्ञानिकता के तो कायल थे, लेकिन पश्चिम के सांस्कृतिक वर्चस्ववाद, भौतिकतावाद के वे गहरे आलोचक थे। उनके समसामयिकता के दायरे में केवल राजनीतिक घटनाएँ ही नहीं आती थीं। उनकी नजर हर ऐसी छोटी-बड़ी घटना पर रहती थी, जिसका समाज पर दूरगामी प्रभाव पड़ता हो। तात्कालिक टिप्पणियाँ उन्होंने बहुत कम लिखी हैं।

जब बीसवीं शताब्दी का अंत हो रहा था और इक्कीसवीं सदी का आरंभ हो रहा था तो तरह-तरह की बातें की जा रही थीं, कई तरह के विचार सामने आ रहे थे। तरह-तरह के ऊहापोह थे, भविष्य को लेकर चिंताएँ थीं। आतंकवाद, पर्यावरण प्रदूषण के खतरों के बीच यह चर्चा भी तेजी से उभरी कि आनेवाली सदी भारत-चीन के वर्चस्व की सदी होगी। यह कहा जा रहा था कि बाजारवाद अभी भले खतरे की तरह दिखाई दे रहा है, आनेवाले समय में इसी बाजारवाद के प्रभाव में तीसरी दुनिया के देशों में तेजी से रोजगार भी बढ़ेगा। अपने लेखों में जोशीजी इन सारी आशाओं-आशंकाओं का विश्लेषण करते हैं।

जब यह कहा जाने लगा कि बीसवीं सदी के साथ आधुनिकता का भी अंत हो जाएगा और इक्कीसवीं सदी उत्तर-आधुनिक अनिश्चितताओं की सदी साबित होगी तो अपने लेख 'एक नदी जिसका नाम प्रगति, एक सदी जिसका नाम विडंबना' में बीसवीं सदी और आधुनिकता के सपनों, आकांक्षाओं का विश्लेषण करने का प्रयास किया है। किस तरह यूरोपीय आधुनिकता के प्रभाव में पहले की तमाम सभ्यताएँ अतीत-पूजक, पिछड़ी मान ली गईं। यह कहा गया कि समाज में ऊँच-नीच का भेद मिट जाएगा, हर मनुष्य को समाज में बराबरी से जीने-खाने का अधिकार मिलेगा, समाज में न्याय का शासन होगा। जोशीजी ने लिखा है कि एक-एक दिन करके उस एक दिन की प्रतीक्षा करती रही है बीसवीं सदी।

विश्लेषण करने के बाद वे लिखते हैं—हो सकता है कि स्थिति भयावह

दिखाई दे रही हो मगर हालात उतने बुरे नहीं हैं। वे लिखते हैं, "मैं यह मानने को तैयार नहीं हो पा रहा हूँ कि समस्त मानवता को समानता, स्वतंत्रता और बंधुत्व का संदेश देनेवाली आधुनिकता हमें इक्कीसवीं सदी में विध्वंस ही विध्वंस प्रदान करके चरम विडंबना को प्राप्त होगी। मैं समझता हूँ कि अगली सदी में कुछ दशकों तक स्वार्थ को सर्वोपरि माननेवाले पूँजीवाद और अपने पंथ को सर्वश्रेष्ठ माननेवाले आतंकवाद के कारण भयंकर उथल-पुथल मचेगी, लेकिन उसके बाद ग्लोबव्यापी समस्याओं का ग्लोबव्यापी समाधान ढूँढ़नेवाली एक ऐसी बिरादरी का बोलबाला हो जाएगा, जिसकी दृष्टि एक साथ मानवीय और वैज्ञानिक होगी। वह भी बेहतर भविष्य के प्रति समर्पित होगी, लेकिन उसे अंधाधुंध मुनाफे की नहीं, संतुलित विकास की तलाश होगी। कंप्यूटर ने एक नए तरह के संसार को जन्म दे डाला है, जिसे समझने में मेरी पीढ़ी के दक्षिणपंथी और वामपंथी दोनों समान रूप से असमर्थ हो रहे हैं। यह नया संसार निश्चय ही उस नई दृष्टि वाले मानव को आगे लाएगा।"

समसामयिक घटनाओं या संदर्भों पर टिप्पणी करते हुए मनोहर श्याम जोशी अपने लेखों में किसी का पक्ष या विपक्ष बनते दिखाई नहीं देते। अकसर उनकी कोशिश होती है कि किसी घटना से जुड़े सकारात्मक और नकारात्मक, दोनों प्रकार के पहलुओं की चर्चा करके अपना पक्ष बाद में प्रस्तुत करें। अकसर उनका अपना कोई पक्ष भी नहीं होता और पाठकों को वे कई सवालों के साथ छोड़ जाते हैं। 'ओसामा जीता लोकतंत्र हारा' उनका एक ऐसा ही लेख है। यह लेख 11 सितंबर, 2001 को अमेरिका के विश्व व्यापार केंद्र के ध्वस्त होने के बाद विश्व के सबसे अधिक लोकतांत्रिक समझे जानेवाले देश अमेरिका के शासन और जनता के मानस में, हुए बदलावों को लेकर है। उस घटना के बाद से अमेरिकी मानस में विशेषकर मुसलमानों और सामान्य तौर पर एशियाई लोगों के प्रति संदेह की भावना घर कर गई।

अपनी एक अमेरिका-यात्रा का हवाला देते हुए इस लेख में वे बताते हैं कि एक बार जब वे अमेरिकी शहर बाल्टीमोर से शिकागो के लिए विमान पकड़ने के लिए हवाई अड्डे पर पहुँचे तो उनको विशेष जाँच से गुजरना पड़ा। हवाई अड्डे पर उन्हें एक पाकिस्तानी यात्री मिला, जिसने बताया कि 'पिछली बाईस

उड़ानों में आठवीं बार इनके कंप्यूटर ने मेरा चुनाव किया है। हर मुसलमान इनके लिए टेररिस्ट है। आपको पता है न कि मुसलिम मुल्कों से आनेवालों का अब हवाई अड्डों में पूरा हुलिया दर्ज किया जाएगा और उनकी उँगलियों के निशान लिये जाएँगे।' बाद में इसी लेख में वे बताते हैं कि इसी तरह की शिकायत अमेरिकी नागरिक भी करने लगे हैं कि हवाई अड्डों पर सुरक्षा जाँच इतनी बढ़ गई है कि उनको परेशानी होने लगी है। वहाँ की मीडिया द्वारा लगातार मुसलमान-विरोधी भावनाओं का प्रचार किया जाने लगा। अंत में, निष्कर्ष रूप में वे कहते हैं कि ओसामा का मुकाबला करने के लिए अमेरिका नागरिक-समाज उसी के जैसा बनता जा रहा है।

किसी समसामयिक पुस्तक में अगर उन्हें कोई महत्त्वपूर्ण बात टिप्पणी योग्य लगी तो उन्होंने उस पर भी टिप्पणी अवश्य की। 2003 में भारतीय मूल के अमेरिकी नागरिक फरीद जकारिया की पुस्तक 'द फ्यूचर ऑफ फ्रीडम' का प्रकाशन हुआ और लोकतंत्र को लेकर उनके स्पष्ट विचारों के कारण यह पुस्तक खूब चर्चा में रही। वे इस लेख में यह बताते हैं कि 39 वर्षीय फरीद जकारिया को 21वीं सदी के 21 सबसे महत्त्वपूर्ण व्यक्तियों में गिना गया है। जोशीजी ने लिखा है कि फरीद इस पुस्तक में कहते हैं कि 'न लोकतंत्र अपने में अच्छा होता है न तानाशाही अपने में बुरी। हिटलर, मुसोलिनी जैसे जालिम तानाशाह बाकायदा चुनाव जीतकर सत्ता में आ सके। उधर ली कुआन यू तानाशाही तेवर अपनाकर निहायत छोटे और पिछड़े देश सिंगापुर को महान् आर्थिक शक्ति बना सके। दक्षिण कोरिया और ताइवान भी कठोर सैनिक शासन में ही आधुनिक और संपन्न बने।' अंत में, जोशीजी यह पैनी टिप्पणी करने से भी नहीं चूकते—"फरीद यह देखने को तैयार ही नहीं कि 'विराट् मंडी' उसी पूँजीवाद का विकसित रूप है और बाजारूपन लोकप्रियता की तलाश ही नहीं, लोकहितकारी व्यवस्था को खत्म करते पूँजीवादी लोभ की देन है।"

जीवन भर विज्ञान उनका प्रिय विषय बना रहा। विज्ञान की नई-से-नई उपलब्धियों की न केवल उन्हें जानकारी रहती थी, उसे वे सहज-सरल ढंग से आम पाठकों तक पहुँचाने का प्रयास करते थे। इस संबंध में अपने एक इंटरव्यू में उन्होंने कहा भी था—"विज्ञान मेरा प्रिय विषय था और आज भी है। पिछले

कुछ दशकों से तो मैं कविता–कहानी–उपन्यास के मुकाबले विज्ञान की पुस्तकें कहीं ज्यादा पढ़ता रहा हूँ। इसका एक कारण तो यह भी हो सकता है कि उम्र बढ़ने के साथ किस्से–कहानी में और उस तरह की कविता में भी जिस तरह की आज लिखी जाती है, रुचि घटने लगी है। लेकिन दूसरा बड़ा कारण यह है कि मैं समझता हूँ कि इस दौर में सबसे अधिक रचनात्मक लोग, सबसे बड़े दार्शनिक, विज्ञान के क्षेत्र में ही कार्यरत हैं। अगली सदी की दुनिया की संभावनाओं और खतरों का विज्ञान से उतना ही संबंध है जितना कि राजनीति से।''

इंटरनेट ने महज दस–बारह सालों के दौरान कितनी प्रगति कर ली है, जीवन और समाज के कितने पहलुओं को वह जोड़ने का काम कर रहा है, उसके नए–नए कौन–कौन से अनुप्रयोग सामने आ रहे हैं—मनोहर श्याम जोशी ने विस्तार से इन विषयों पर अनेक जानकारीपूर्ण लेख लिखे हैं। यह उनके लेखन का एक ऐसा पहलू है, जो हिंदी के शीर्षस्थ पत्रकारों में उन्हें विशिष्ट बनाता है। इस तरह के ज्ञानवर्द्धक लेखन को वे पत्रकार के रूप में अपनी सामाजिक जिम्मेदारी समझते थे। उन्होंने अपने स्तंभों में इस तरह का लेखन यथावसर किया।

सन् 2000 के आस–पास जब इंटरनेट आधारित इस व्यापार की शुरुआत हो रही थी, तब मनोहर श्याम जोशी ने एक लेख लिखा 'ई–कॉमर्स—ई का चीज है!' इस लेख में उन्होंने लिखा—''ई–कॉमर्स बहुत तेजी से फल–फूल रहा है और अश्लील से लेकर अध्यात्म तक हर किस्म का माल इसके माध्यम से बेचा जा रहा है। धर्म–परिवर्तन करवानेवाले पंथ इसे अपना हथियार बनाने में लगे हैं और हिंदुओं जैसे धर्म–परिवर्तन न करनेवाले पंथ भी इसका जमकर उपयोग करने लगे हैं। आनेवाले दिनों में तब ई–कॉमर्स और भी जोर पकड़ेगा जब सर्वव्यापी कंप्यूटिंग होने लगेगी। आज आपको इंटरनेट से जुड़ने के लिए जाकर किसी कंप्यूटर के आगे बैठना पड़ता है या अपने साथ कंप्यूटर लेकर चलना पड़ता है, तब कंप्यूटर हर कहीं होगा और हर कहीं आप उससे आसानी से जुड़ जाएँगे। हर कहीं मौजूद और हर किसी चीज में बैठा हुआ कंप्यूटर वाणिज्य को ही नहीं, हर मानवीय व्यापार को बदल देगा।''

आजकल इंटरनेट के उपयोगकर्ताओं ही नहीं, समाचार–पत्रों के पाठकों

के लिए भी ब्लॉगिंग कोई अनजाना शब्द नहीं रह गया है। हिंदी में ही हजारों इंटरनेट उपयोगकर्ता ब्लॉग के माध्यम से इंटरनेट पर अपने विचारों की अभिव्यक्ति कर रहे हैं। मनुष्य के जीवन से जुड़ा शायद ही कोई ऐसा पहलू हो, जिसको लेकर इंटरनेट पर ब्लॉग न लिखा जा रहा हो। ब्लॉगिंग की न केवल लोकप्रियता बढ़ रही है, इसकी उपयोगिता पाठकों को इसकी ओर आकर्षित भी कर रहा है। ब्लॉगिंग को वेब डायरी कह सकते हैं। यह एक ऐसे माध्यम के रूप में अपनी जगह बना रहा है, जो लोगों को खुलकर अपने विचार अभिव्यक्त करने का अवसर दे रहा है।

ब्लॉगिंग की उपयोगिता का अंदाजा इसी बात से लगाया जा सकता है कि इसने बहुत कम समय में समाज में अपनी जगह बनाई है। 2003 में जब इस माध्यम की नई-नई चर्चा आरंभ हुई थी, तब ब्लॉगिंग को लेकर हिंदी में आरंभिक लेख मनोहर श्याम जोशी ने ही लिखा था। इसके माध्यम से उन्होंने न केवल यह बताया कि इसकी उपयोगिता क्या-क्या है, यह भी बताया कि इसके ऐतिहासिक संदर्भ क्या हैं? भविष्य में इसकी लोकप्रियता कितनी बढ़नेवाली है? इस लेख में उन्होंने बताया है—''वियतनाम युद्ध से टीवी पत्रकारिता चमकी। पहले खाड़ी युद्ध में सी.एन.एन. ने इस विधा को दुनिया के कोने-कोने में पहुँचाया। भारतीय टीवी पत्रकारिता कारगिल युद्ध से पूरे उभार में आई और इराक युद्ध ने 'ब्लॉग' पत्रकारिता को प्रतिष्ठित कर दिया है।''

साइबर-जगत् उनकी दिलचस्पी का प्रमुख क्षेत्र था और इसके बारे में नई-नई जानकारियाँ वे अपने स्तंभों के माध्यम से देते रहते थे। इसके प्रभाव के आकलन करने का प्रयास करते थे और इसके दुष्प्रभावों से आगाह करने का प्रयास भी करते थे। किस तरह यह माध्यम लोगों के लिए ऐसी जानकारी प्राप्त करने का माध्यम बनता जा रहा है, जिनके बारे में आमतौर पर सहज रूप से पता नहीं चल पाता था। जैसे कि उनके लेखों से यह पता चलता है कि इंटरनेट पर इस तरह के अनेक साइट हैं, जिन पर बच्चे पालने से लेकर घरेलू नुस्खों तक की जानकारियाँ दी गई होती है। इसी तरह, इंटरनेट ज्योतिष से लेकर भाषा-शिक्षण के लिए उपयोगी सिद्ध हो रहा है। लेकिन वे इस ओर भी ध्यान दिलाना भी नहीं भूलते कि मुक्त-माध्यम होने के कारण यह सबसे अधिक अश्लील-

सामग्री के प्रसार को बढ़ावा दे रहा है। उनके लेखों से यह पता चलता है कि अश्लील-सामग्री ही नहीं, मादक-द्रव्यों, तंत्र-मंत्रों से जुड़े हुए अनेक साइट हैं, और यह सुझाव भी वे देते हैं कि इस तरह के कानून बनाए जाने चाहिए, इसके दुरुपयोग पर रोक लगे।

उनके लेखन की एक विशेषता यह है कि व्यावहारिक पहलुओं पर लिखते हुए इस प्रकार से अपनी बात रखते हैं कि उस विषय से जुड़े सैद्धांतिक पहलुओं की ओर स्वयं ही ध्यान चला जाता है। उदाहरण के लिए, उनका एक लेख है 'ये देखिए—विज्ञापन'। इस लेख में वे विज्ञापनों की चर्चा करते-करते इस बात की ओर ध्यान दिलाते हैं कि किस तरह धीरे-धीरे समाज में हर चीज ही प्रायोजित होती जा रही है। चीन में एक जोड़े ने अपने विवाह को प्रायोजित करवा लिया तो ब्रिटेन में एक लेखक ने पहला प्रायोजित उपन्यास लिख दिया। विज्ञापन ने मीडिया पर इस तरह कब्जा जमा लिया है कि किसी पत्र-पत्रिका या टीवी चैनल की सफलता-असफलता का आकलन इस बात से किया जाता है उस पर कितने विज्ञापन प्रसारित या प्रकाशित होते हैं। इस लेख में वे यह भी बताते हैं कि संसार में बढ़ते विज्ञापन के कारण अब इसका प्रतिरोध भी होने लगा है। वे बताते हैं—"कुछ वर्ष पहले फिल्म और विज्ञापन की दुनिया से जुड़े कनाडा के एक प्रबुद्ध अधेड़ बुद्धिजीवी ने विज्ञापनों से फैले प्रदूषण से परेशान होकर विज्ञापनों का विरोध करने के लिए संस्था बनाई। सिगरेट के विज्ञापन पर लगी रोक की ओर ध्यान दिलाते हुए उसने कहा कि अगर लोग विरोध करें तो स्वास्थ्य के लिए हानिकारक अन्य फालतू चीजों के विज्ञापनों पर भी रोक लग सकती है। जरूरी चीजों के लिए की जानेवाली फालतू विज्ञापनबाजी पर भी थोड़ा अंकुश लगवाया जा सकता है और उसमें सच के सिवा कुछ और न कहने की शर्त रखी जा सकती है। यही नहीं, जिस तरह प्रदूषण रोकने के लिए शहरों के कुछ क्षेत्रों में कुछ दिन गाड़ी नहीं चलने दी जाती है, उसी तरह हफ्ते में एक दिन विज्ञापन-मुक्त बनवाया जा सकता है। अपने विचारों को विज्ञापित करने के लिए इस संस्था ने प्रेस और टीवी के लिए सशक्त विज्ञापन बनाए और पाया कि कोई भी समाचार-पत्र, कोई भी चैनल उन्हें पैसे देने पर भी छापने-दिखाने के लिए तैयार नहीं है।"

जब भारत में रियलिटी शो दिखाने का दौर शुरू हुआ तो 'एक शो है अब तो रियलिटी का!' शीर्षक लेख में उन्होंने बड़ी गंभीरतापूर्वक इस बात की चर्चा की कि रियलिटी शो क्यों धीरे-धीरे लोकप्रिय होते जाएँगे। उन्होंने लिखा—"टीवी का माध्यम ही ऐसा है कि उसमें दर्शक कुछ ऐसा देखना चाहता है, जो वास्तव में कहीं घट रहा हो। कपोल-काल्पनिक सास-बहुओं के झगड़े में आप चाहे जितनी तड़क-भड़क डाल लें, वे दर्शक को उस तरह बाँधे नहीं रख सकते जिस तरह पड़ोस में होता सास-बहू का झगड़ा। इन बातों का पता चलने पर टीवी चैनलों ने रियलिटी शो उर्फ यथार्थ-लीला नामक एक नई संकर विधा को जन्म दिया, जो दर्शकों को आश्वस्त करती है कि हम जो दिखा रहे हैं, वह वास्तविक व्यक्तियों के बीच कैमरे की आँख के सामने वास्तव में घट रहा है। यह असली जिंदगी है, इसमें किसी तरह का कोई साहित्यिक या संपादकीय हस्तक्षेप नहीं हुआ है।"

कुछ वर्ष पहले 'मुन्नाभाई एम.बी.बी.एस.' फिल्म आई थी। यह नई तरह की फिल्म थी। इस फिल्म की बड़ी चर्चा हुई। जोशीजी ने एक लेख लिखा—'मुन्नाभाई का शैदाई मध्यवर्ग' और इसमें बताया कि वह फिल्म मुझे-उन्हें उतनी अच्छी न लगी हो, लेकिन उसमें समाज का बहुत बड़ा यथार्थ बताया गया है। मेडिकल परीक्षा नकल द्वारा पास करवाने का ठेका लेनेवाले कुख्यात 'रंजीत डॉन' की कहानी से उसे जोड़ते हुए उसे प्रासंगिक बताया है। इसके भयावह परिणामों की चर्चा करते हुए वे यह बताना भी नहीं भूलते कि नकल की यह प्रवृत्ति मेधावी छात्रों के भविष्य के साथ तो खिलवाड़ है ही, इससे भारत में उच्च शिक्षा की गुणवत्ता भी प्रभावित होती है।

पिछले सालों में वेलेंटाइन डे को लेकर भारत में काफी विवाद होता रहा है। समाज का बहुत बड़ा तबका उसे प्रेम के त्योहार के रूप में अपनाता जा रहा है तो एक तबका ऐसा है, जो यह कहकर इसका विरोध करता है कि यह भारतीय संस्कृति के विरुद्ध है। यह पश्चिम से आयातित संस्कृति का हिस्सा है और इसका सार्वजनिक विज्ञापन, प्रदर्शन नहीं होना चाहिए। मनोहर श्याम जोशी ने अपने लेख 'जिसका बाजार, उसके त्योहार' में इसके ऊपर बड़ी गंभीरता से विचार करते हुए बताया है कि वास्तव में इस तरह के त्योहार बाजार द्वारा प्रसारित

किए जा रहे हैं। ''रहन-सहन, रुचि-रुझान और रीति-रिवाज के मामले में एकरूपता बहुराष्ट्रीय कंपनियों के लिए लाभप्रद है। सभी जगह पश्चिमी त्योहारों के चलन से उन्हें दो फायदे हैं। पहला, उन त्योहारों के लिए बननेवाले माल की विश्वव्यापी खपत हो पाती है। दूसरा, अन्य देशों की अपनी अलग धार्मिक-सांस्कृतिक पहचान धुँधली पड़ती है।'' लेकिन वह यह याद दिलाना भी नहीं भूलते कि ''हमें अपने रीति-रिवाजों को उदार और प्रगतिशील बनाना होगा। युवा को कोसते रहने की जगह उसकी उमंगों को समझना और उससे जुड़ना होगा। इसके लिए जरूरी है कि हम राजनीति से ज्यादा दिलचस्पी समाज-नीति में रखें।''

मनोहर श्याम जोशी के सामयिक लेखों को नितांत समसामयिक कहकर यह नहीं कहा जा सकता है कि वे 'डेटेड' हैं, उनका महत्त्व तात्कालिक प्रकृति का हो सकता है। उनके इस तरह के लेखों में भविष्य के संकेत छिपे होते हैं, कुछ ऐसी महत्त्वपूर्ण जानकारियाँ होती हैं, जिनका संदर्भ ऐतिहासिक होता है। उन्होंने अलग-अलग क्षेत्रों में काम किया है, उनके लेखों में अकसर उनके अनुभव से जुड़ी किसी घटना, किसी प्रसंग का इस तरह उल्लेख होता है, जो उनके समसामयिक लेखों को निजपरक बनाते हैं। कम-से-कम शब्दों में अधिक-से-अधिक कोणों से किसी घटना, वस्तु, परिस्थिति का आजकल उनके लेखन की ऐसी विशेषताएँ हैं, जो उनके समसामयिक लेखों को महत्त्वपूर्ण बनाती हैं। ऐसी समसामयिक घटनाओं को वे अकसर टिप्पणी के लिए चुनते हैं, जो हो सकता है उस समय देखने में उतने महत्त्वपूर्ण न कहे जा सकते हों लेकिन उसमें दूरगामी संकेत छिपे हों।

वैश्विक संदर्भों में नजरिया

मनोहर श्याम जोशी अंतरराष्ट्रीय मामलों में बहुत सजग पत्रकार माने जाते थे। उनकी दृष्टि न केवल प्रमुख अंतरराष्ट्रीय घटनाओं पर रहती थी, अंतरराष्ट्रीय राजनीतिक, सामाजिक, सांस्कृतिक मामलों के भी वे अच्छे जानकार थे। उन्होंने जीवन-काल में अनेक देशों की यात्राएँ कीं। उनके लिखे यात्रा-संस्मरण उस दौर में पत्रिकाओं में प्रकाशित और चर्चित हुए। चीन और जर्मनी की यात्रा के

संस्मरण पुस्तकाकार रूप में प्रकाशित हैं। उनके अनेक अधूरे उपन्यासों में से एक 'वधस्थल' कंबोडिया की पृष्ठभूमि में लिखा गया है। शीतयुद्ध के दौर में उसके बाद राजनीति की धुरी किस प्रकार बदलती रही है, किस प्रकार नव-साम्राज्यवादी एजेंडा धीरे-धीरे संसार भर में लागू किया जा रहा है, किस प्रकार शीतयुद्ध की समाप्ति के बाद अमेरिकी वर्चस्व का दौर शुरू हुआ है—उनकी नजर से शायद ही कोई महत्त्वपूर्ण वैश्विक संदर्भ छूटा हो।

पिछले कुछ सालों से यह कहा जा रहा है कि इक्कीसवीं सदी की सबसे बड़ी उपलब्धि यही होगी कि सूचना-संचार क्रांति के कारण यह संसार 'ग्लोबल विलेज' में बदल जाएगा। संसार के देशों के बीच भौगोलिक दूरियों के मायने समाप्त हो जाएँगे, लोग सुलभ तकनीकों के उपयोग के माध्यम से एक-दूसरे के नजदीक आते जाएँगे। मनोहर श्याम जोशी एक लेख 'क्या ग्लोबव्यापी गाँव में शांति होगी कभी?' में कुछ महत्त्वपूर्ण सवाल उठाते हैं। वे लिखते हैं—"सारे ग्लोब को अपना गाँव माननेवाला किसी भी जगह को अपनी जगह नहीं मानता। इसलिए उसकी हैसियत हर कहीं सैलानी या फकीर वाली होती है। सैलानी और संन्यासी भी दूसरों से भावनात्मक दृष्टि से लिप्त नहीं होते। जिन मानवीय सरोकारों की बात की जाती है, वे सबके सब पुरानी धार्मिक नैतिक दृष्टि से उधार लिये गए हैं और आज का विज्ञान नीति-निरपेक्ष है। इक्कीसवीं सदी में ग्लोब को अपना घर-गाँव समझनेवाली पीढ़ी विश्वबंधुत्व और शांति स्थापित तभी कर सकेगी, जब वह मंडीवाद का भी उसी तरह अंत कर देगी, जिस तरह मंडीवाद ने तानाशाही का किया है और जब वह विज्ञान और नीति का समन्वय करके कोई नई मानवीय दृष्टि का विकास कर लेगी।"

पिछले कुछ वर्षों से संसार भर में अंतरराष्ट्रीय मामलों के विशेषज्ञ चीन की आर्थिक सफलता की गुत्थी को सुलझाने का प्रयास करते रहे हैं। मनोहर श्याम जोशी कई दशक पहले चीन की यात्रा पर गए थे। उस यात्रा की डायरी का प्रकाशन जब 'साप्ताहिक हिंदुस्तान' में हुआ तो उस समय उसकी बड़ी चर्चा भी हुई थी। चीन के हाल में हुए विकास को समझने का प्रयास अनेक लेखों में उन्होंने किया है। अनेक लेखों में उन्होंने बताया है कि चीन किन कारणों से भविष्य में महाशक्ति के रूप में उभर सकता है। उनकी टिप्पणियाँ

चीन के अतीत की जानकारियों से भरपूर हैं, वर्तमान की उपलब्धियों के बखान से परिपूर्ण हैं और भविष्य की अनुगूँजों से पूर्ण हैं।

एक लेख 'प्रबल पूँजीवाद साम्यवादी चीन का' में उन्होंने बताया है कि किस प्रकार साम्यवादी अनुशासन में उत्पादन के माध्यम से चीन के उत्पादों ने दुनिया भर के बाजारों को भर दिया है ? किस तरह देखते-ही-देखते हर क्षेत्र में अमेरिका का सबसे प्रमुख प्रतिद्वंद्वी बन गया है। शीतयुद्ध की समाप्ति के बाद से यह माना जा रहा था कि विश्व की व्यवस्था एकध्रुवीय यानी अमेरिका की ओर झुकी हुई है। परमाणु और हाइड्रोजन बमों से लैस तथा मिसाइलों की क्षमता से संपन्न देश तो पहले से ही था, अब यह कहा जा रहा है कि अगले पंद्रह वर्षों में वह विश्व में अमेरिका के बाद सबसे बड़ी आर्थिक शक्ति भी बन जाएगा। इस सबके बावजूद चीन ने अपनी सांस्कृतिक पहचान को बनाए रखा है। वे बताते हैं कि जिस तरह अंग्रेजी भाषा का महत्त्व विश्व-व्यापार में उसके भाषा-भाषियों की महत्ता के कारण बढ़ा, उसी तरह अब चीनी जैसी मुश्किल समझी जानेवाली भाषा का अंतरराष्ट्रीय महत्त्व भी बढ़ता जा रहा है।

एक अन्य लेख 'चीन ने चारों खाने चित्त किया' में उन्होंने काफी संक्षेप में ही सही, महत्त्वपूर्ण संदर्भों के साथ यह बताया है कि चीन की इतने कम समय में प्रगति करने के क्या कारण रहे हैं ? एक बड़ा कारण उनके अनुसार यह है कि सामाजिक-आर्थिक असमानताओं के बावजूद चीन में जबरदस्त सांस्कृतिक, भाषागत और जातीय एकता है। चीन में परंपरागत ढंग की सामुदायिक भावना और सामाजिक अनुशासन का आज भी जीवन में प्रचलन है। "लोग आज भी जूते पहनकर घर में नहीं घुसते और किसी को कोरा पानी नहीं देते, कुछ मीठा साथ में रखते हैं। अंग्रेजी चीन में बड़े पैमाने पर सिखाई जा रही है, किंतु अपनी भाषा का महत्त्व बनाए रखा जा रहा है। ...हम ऊपरी तौर पर आधुनिक बनकर राजनीतिक स्तर पर अपनी तमाम पुरानी सामाजिक कमजोरियों से जुड़े हुए हैं। चीन अपनी पुरानी सामाजिक विशेषताओं की नींव पर अपना नया आधुनिक तंत्र खड़ा कर रहा है।"

अंतरराष्ट्रीय मसलों पर लिखते हुए अमेरिका की आलोचना करने का कोई मौका वे हाथ से नहीं जाने देते। किस तरह 11 सितंबर, 2001 की दुर्भाग्यपूर्ण

घटना के बाद अमेरिका ने 'मुसलिम युद्ध' शुरू कर दिया है। सभ्यताओं की टकराहट के सिद्धांत का प्रचार किया जा रहा है। लेकिन इसका निशाना स्वयं अमेरिका भी बनता जा रहा है। अमेरिका में आतंकवादी हमले का खतरा बना रहता है। अमेरिका में इसके बाद सुरक्षा-व्यवस्था में काफी वृद्धि हो गई है।

अनेक लेखों में उन्होंने राष्ट्रपति बुश की आलोचना की है। वह उन्हें एक ऐसे राष्ट्रपति के रूप में देखते हैं, जो आक्रामक नीतियाँ अपना रहा है। आर्थिक हितों को साधने के लिए देशों पर आक्रमण की नीतियाँ अपनाता है। राष्ट्रपति बुश के ऐसे कारनामों की उन्होंने अच्छी खबर ली है। एक तरफ बुश प्रशासन संसार पर अंतरराष्ट्रीय मानकों का पालन करने के लिए दबाव बनाता है, मगर उसकी अपनी नीतियाँ इनके विपरीत ही रहती हैं। एक लेख 'नेक बुश—अनेक बद कारनामे' में उन्होंने अत्यंत ही महत्त्वपूर्ण ढंग से एक उदाहरण के माध्यम से बताया है कि किस प्रकार राष्ट्रपति बुश की नीतियाँ जन-विरोधी हैं। किस प्रकार उनकी सोच पूँजीवादी है।

उन्होंने लिखा है, ''बुश ने देश के ही नहीं, दुनिया के गरीबों के लिए भी बहुत आँसू बहाए और कहा कि हमारी करुणा यह बरदाश्त नहीं कर सकती कि आज भी दुनिया की आधी आबादी दो डॉलर प्रतिदिन से कम की आय पर गुजर-बसर कर रही है। लेकिन इसके बावजूद बुश ने संयुक्त राष्ट्र के सुझाव के अनुसार कुल राष्ट्रीय आय का 0.7 प्रतिशत गरीब देशों की सहायता पर खर्चने की दिशा में कोई पहल नहीं की। जहाँ डेनमार्क जैसा गरीब देश अपनी आय का एक प्रतिशत से ज्यादा गरीब देशों को दे रहा था, वहाँ अमेरिका कुल 0.11 प्रतिशत, सो भी गरीबी के आधार पर नहीं, उनके अमेरिकी नीतियाँ मानने के आधार पर।'' इस लेख में उन्होंने बताया है कि किस तरह अमेरिका जन-कल्याण के नाम पर अधिक प्रचार और कम खर्च की नीति का पालन करता है।

अमेरिका में 11 सितंबर, 2001 को घटी मनहूस घटना को लेकर अनेक पुस्तकें लिखी गईं, अनेक लेख प्रकाशित हुए। इस संदर्भ में अमेरिका में प्रकाशित पुस्तकों में सबसे अधिक विवादास्पद पुस्तक मानी जाती है पत्रकार-इतिहासकार स्टीफन श्वाट्र्ज उर्फ सुलेमान अली लिखित 'द टू फेसेज ऑफ इसलाम'। स्टीफन

श्वाट्र्ज मूल रूप से यहूदी थे, लेकिन बोस्निया-कोसोवो में मुसलमानों पर हुए अत्याचार के देखने के बाद वे वहाँ के सूफियों के प्रभाव में आए और इसलाम स्वीकार कर लिया। जोशीजी ने इस लेख में इस पुस्तक की स्थापनाओं की विवेचना की है। पुस्तक में लेखक ने यह स्थापित किया है कि इसलाम में आतंक के लिए कोई स्थान नहीं है और इसलाम को आतंकवादी बनाने के लिए सऊदी राजपरिवार ही पूरी तरह जिम्मेदार है।

पुस्तक में इसलाम की बहुत प्रशंसा की गई है और इसके कारण जो लोग इसलाम और आतंक को यथार्थवादी ठहराते हैं, वे बौखला उठे। पुस्तक में लेखक ने इस ओर ध्यान दिलाया है कि मुसलमानों ने यहूदियों और ईसाइयों को अहले किताब मानते हुए उन पर कभी अत्याचार नहीं किया, जबकि ईसाइयों ने यहूदियों और मुसलमानों पर बीसवीं सदी तक में भयंकर अत्याचार किए। इस प्रकार के लेखों से यह पता चलता है कि वे किसी भी विषय को किस तरह हर पहलू से देखने का प्रयास करते थे। 11 सितंबर, 2001 को अमेरिका में घटी आतंकवादी घटना के बाद अमेरिका में इसलाम और आतंकवाद का माहौल किस तरह बना, इसको उन्होंने अनेक लेखों में अनेक प्रसार से विश्लेषित करने का प्रयास किया है।

वैश्विक स्तर पर यह कहा जाने लगा है कि भारत में कंप्यूटर में दक्ष लोगों की संख्या तथा सॉफ्टवेयर विकास की क्षमता इतनी अधिक है कि आनेवाले वर्षों में इस क्षमता की बदौलत भारत की विश्व में प्रमुख पहचान बनकर उभरेगी। अनेक लेखों में जोशीजी ने अनेक उदाहरणों के साथ यह दिखाने का प्रयास किया है कि इस बात में कितनी सच्चाई है। नई-नई तकनीकों के वे कितने जानकार थे और किस तरह तकनीकी विकास का आकलन करते थे, यह उनके लेखों में देखा जा सकता है। उनका एक लेख है 'कंप्यूटर की सदी और भारत'। इस लेख में उन्होंने अनेक उदाहरणों के साथ यह बताया है कि किस तरह कंप्यूटर जानकारों के कारण अमेरिका जैसे देश में भारतीय इंजीनियरों की माँग बढ़ी है, भारतीय बुद्धि का आदर बढ़ा है। इसे वे भविष्य के लिए सुखद मानते हैं।

साथ ही, वे यह याद दिलाना भी नहीं भूलते—"अगर दफ्तरशाह और

नेता ही हमारे समाज के लिए सबसे महत्त्वपूर्ण बने रहे तो हमारे वैज्ञानिक और उद्योगपति विदेशों में ही बसकर नाम और पैसा दोनों कमा सकेंगे। इधर उनमें से कुछ अमेरिका से लौटकर बंगलौर, हैदराबाद और चेन्नई में अपने उद्यम स्थापित करने लगे हैं तो इसीलिए कि वहाँ नई अर्थव्यवस्था में बुद्धि के महत्त्व को किसी हद तक समझ लिया गया है। इस 'ब्रेन गेन' यानी बुद्धि की वापसी को संभव बनाने के लिए जितने भी उपाय किए जाएँ कम हैं। इसके साथ ही हमें 'ब्रेन ड्रेन' यानी बुद्धि के पलायन से बहुत ज्यादा चिंतित होने की आवश्यकता नहीं है। अगर सबकुछ ग्लोबव्यापी होता जाता है तो इससे कोई फर्क नहीं पड़ता कि हमारे देशवासी कहाँ हैं। फर्क सिर्फ इसी से पड़ता है कि वे उस ग्लोबव्यापी अर्थव्यवस्था में कितने महत्त्वपूर्ण हैं।''

इसी तरह, आउटसोर्सिंग एक ऐसा मसला है, जो धीरे-धीरे विश्व की अर्थव्यवस्था को न सिर्फ प्रभावित कर रहा है, उन्हें बदल भी रहा है। आमतौर पर पत्र-पत्रिकाओं में आउटसोर्सिंग की राजनीति को लेकर तो लेख छपते रहते हैं कि किस प्रकार आउटसोर्सिंग के कारण अमेरिका जैसे विकसित देशों की नौकरियाँ कम लागत के कारण भारत समेत तीसरी दुनिया के अनेक देशों में कमाई के रास्ते खोल रही हैं। अमेरिका में इसको लेकर कितना विरोध हो रहा है। जोशीजी ने अपने अनेक लेखों में इस बात का आकलन करने का प्रयास किया है कि इसका भविष्य क्या है, भविष्य में इसके कारण किस प्रकार की समस्याएँ पैदा हो सकती हैं।

□

पत्रकारिता से इतर सक्रियता के आयाम

(क) साहित्य

इसमें कोई संदेह नहीं कि मनोहर श्याम जोशी मूलतः साहित्यकार थे या कहें कि वे एक ऐसे लेखक थे, जिसका मन साहित्य-लेखन में ज्यादा रमता था। अपने लेखन-जीवन का आरंभ उन्होंने कहानी-लेखन से किया, कविताएँ लिखीं। बीच में जरूर करीब दो दशक का ऐसा दौर आता है जब उन्होंने पत्रकारीय-लेखन अधिक किया। वे करीब 20 सालों तक पत्रकारिता से जुड़ी नौकरी करते रहे। यही उनकी सक्रिय पत्रकारिता का दौर भी था। इस दौरान भी उन्होंने बहुत कुछ ऐसा लिखा, जिसके कारण उनकी लोकप्रियता काफी रही। इसी तरह, इस दौरान उन्होंने अनेक ऐसे साक्षात्कार लिये, जो काफी याद किए जाते हैं, जैसे 'आलोचना' पत्रिका के लिए उन्होंने आचार्य हजारी प्रसाद द्विवेदी का एक साक्षात्कार लिया था या 'साप्ताहिक हिंदुस्तान' में प्रकाशित फील्ड मार्शल मानेक शॉ का साक्षात्कार या उनके व्यंग्यपरक लेख।

मनोहर श्याम जोशी की पहली कहानी प्रकाशित हुई 1952 में। उनकी एक कहानी 'बुढ़िया' 'प्रतीक' के अंतिम अंक में प्रकाशित हुई थी। 'प्रतीक' के संपादक अज्ञेय थे और सहायक संपादक के रूप में उसमें रघुवीर सहाय काम करते थे। उनकी एक कहानी 'गणेशजी' अमृत राय संपादित 'हंस' में प्रकाशित हुई। 'मैडिरा मैरून' कहानी को भगवतीचरण वर्मा ने अपनी पत्रिका 'उत्तरा' में प्रकाशित किया। 1949 से 1953 तक वे लखनऊ में रहे। 1953 में दिल्ली आने

से पहले जोशीजी की पहचान कथाकार के रूप में की जाती थी।

इस दौर की उनकी ज्यादातर प्रकाशित-अप्रकाशित कहानियाँ उनके किसी कहानी-संग्रह में नहीं हैं। इस संबंध में एक साक्षात्कार में उन्होंने बताया था—"तब की मेरी आधी-से-अधिक प्रकाशित-अप्रकाशित कहानियाँ खो चुकी हैं। मैं उन्हें सँभालकर नहीं रख पाया। मेरी आरंभिक कहानियों का संग्रह छपा है तो मेरे मित्र सत्येंद्र शरत की कृपा से। उनके पास मेरी प्रकाशित कहानियों की प्रति मौजूद थी।" वास्तव में, यह जानना दिलचस्प है कि कहानियों से लेखन की शुरुआत करनेवाले जोशीजी ने अपनी कहानियों के प्रकाशन या उनके संचयन की दिशा में अपने जीवन-काल में अधिक उत्साह नहीं दिखाया। उनके चार कहानी संग्रह प्रकाशित हैं। लेकिन अभी भी उनका कोई 'प्रतिनिधि कहानी' जैसे संग्रह प्रकाशित नहीं है।

1953 में दिल्ली आने के बाद भी उनका कहानी-लेखन जारी रहा; लेकिन उनका झुकाव कविता-लेखन की ओर हो गया। इसका एक कारण तो संभवत: यह रहा हो कि इस दौर में उनकी गहरी दोस्ती रघुवीर सहाय और सर्वेश्वर दयाल सक्सेना जैसे कवियों से थी। सबसे बढ़कर इस दौर में वे अपने दूसरे साहित्यिक गुरु अज्ञेय के प्रभाव में थे। सभी प्रमुख पत्र-पत्रिकाओं में उनकी कविताएँ प्रकाशित हुईं। लेकिन बाद में स्वयं वे अपनी कविताओं से ऐसे उदासीन हुए कि अपनी प्रकाशित-अप्रकाशित कविताओं की प्रति भी अपने पास उन्होंने सुरक्षित नहीं रखी। 'कूर्मांचली' नाम से कविताएँ लिखनेवाले इस कवि की सारी कविताएँ पत्र-पत्रिकाओं की पुरानी फाइलों और कुछ संचयनों में बिखरी पड़ी हैं। प्रसंगवश, जोशीजी ने 'कूर्मांचली', 'जोशियम' आदि अनेक उपनामों से पत्र-पत्रिकाओं में लेख भी लिखे, जिनकी प्रति उनके पास भी नहीं थी। कविताओं के अलावा उनका इस तरह का लेखन भी काफी कुछ बिखरा हुआ है। उनकी रचनाओं का संकलन अपने आप में शोध का विषय हो सकता है।

1953-1959 के दौर में जब तक वे दिल्ली में रहे, नियमित तौर पर कविताएँ लिखते रहे। 1959 में केंद्रीय सूचना सेवा में उनका चयन हो गया और वे फिल्म्स डिवीजन में काम करने मुंबई चले गए। मुंबई जाने के बाद उनका कविता लिखना छूटता चला गया। बाद में 1963 में जब वे 'दिनमान' में पत्रकार

के रूप में काम करने दिल्ली आए तो उनका कविता-लेखन फिर शुरू हुआ। मगर धीरे-धीरे उनका कविता लिखना छूट गया। उनकी कविताओं का कोई संग्रह उपलब्ध नहीं होने के कारण आलोचकों का ध्यान भी उनकी समग्र कविताओं की ओर नहीं गया। कविताओं में उन्होंने काफी प्रयोग किए। उन्होंने लंबी-लंबी कविताएँ लिखीं, कुछ हाइकू जैसी छोटी कविताएँ लिखीं। मुंबइया हिंदी में 'कुरु कुरु स्वाहा' उपन्यास लिखने से पहले उन्होंने मुंबइया हिंदी में कविताएँ भी लिखीं। त्रिलोचन की तरह सॉनेट भी लिखे। कवि-आलोचकों ने एक तरह से उनकी उपेक्षा की। इस कारण भी शायद अपने कविता-संग्रह के प्रकाशन के प्रति उन्होंने अधिक उत्साह नहीं दिखाया।

मनोहर श्याम जोशी के साहित्यिक-जीवन के बारे में यह जानना दिलचस्प है कि 1951 में कहानी लिखकर साहित्य-लेखन की शुरुआत करनेवाले इस लेखक को लगभग 1980 तक साहित्य की किसी विधा में कुछ खास प्रसिद्धि नहीं मिली थी। वे एक लोकप्रिय पत्रिका के संपादक के रूप में अधिक जाने जाते थे, चुटीले व्यंग्यपूर्ण लेख लिखनेवाले पत्रकार के रूप में जाने जाते थे। 1980 में 47 साल की उम्र में उन्होंने अपना पहला उपन्यास 'कुरु कुरु स्वाहा' लिखा। यह उनकी एक ऐसी साहित्यिक कृति साबित हुई, जिसे पाठकों-आलोचकों ने समान रूप से पसंद किया। यह एक ऐसा प्रयोगधर्मी उपन्यास है जिसमें पठनीयता भी है। कथ्य-शिल्प दोनों ही स्तरों पर इस उपन्यास में इस तरह के प्रयोग हुए हैं कि अनेक आलोचकों ने हिंदी के सर्वश्रेष्ठ उपन्यासों में इसकी गणना की है। हिंदी में देर से लिखकर उपन्यासकार के रूप में प्रसिद्ध होनेवाले दो लेखकों की चर्चा की जाती है। दूसरे उपन्यासकार हैं विनोद कुमार शुक्ल, जिनके उपन्यास 'नौकर की कमीज' का प्रकाशन 1979 में यानी 'कुरु कुरु स्वाहा' के प्रकाशन से एक ही वर्ष पूर्व हुआ था।

'कुरु कुरु स्वाहा' उपन्यास को लेकर आलोचकों की प्रतिक्रिया भी काफी उत्साहजनक रही। अजित कुमार ने 'सारिका', नवंबर, 1980 के अंक में इस उपन्यास पर टिप्पणी करते हुए लिखा कि यह कृति एक साथ बहुत कुछ कहना चाहती है—भाषा की क्षमता का प्रदर्शन, अनेक चरित्रों का निरूपण, नारी की रहस्यमयता का विवेचन और हमारी उलझी हुई जटिल पहचानों का कथन हिंदी

आलोचना की शब्दावली में कहूँ तो पूरा उपन्यास 'अस्मिता की खोज' का एक प्रयास है, पर इसे हलके-फुलके सनक भरे, चतुर ढंग से रचा गया है। 'कुरु कुरु स्वाहा' एक ऐसा उपन्यास है, जिसने हिंदी की प्रचलित आलोचना के सामने संकट खड़ा कर दिया। आलोचना के बने-बनाए प्रतिमानों के आधार पर इसे नहीं परखा जा सकता है।

एक ऐसी कथा, जिसके अनेक-अनेक पाठ हों, त्रिस्तरीय चरित्र, अलग-अलग शैलियों में बोली जानेवाली भाषा हिंदी—इस उपन्यास में अनेक ऐसे सूत्र हैं, जिनके आधार पर इसे उत्तर-आधुनिक उपन्यास कहा जा सकता है। यह उपन्यास इस अर्थ में भी उत्तर-आधुनिक है, क्योंकि यह हिंदी के प्रचलित आधुनिक उपन्यासों से हटकर है। प्रसिद्ध समाजशास्त्री श्यामाचरण दुबे ने इस उपन्यास के बारे में लिखा है कि किस्सागोई को लेखक ने आधुनिक परिवेश दिया है। उसके शब्द-शिल्प में प्रशंसनीय मितव्ययिता है। उसकी चुटकियों में गजब की ताकत है। ग्राहम ग्रीन जिस प्रकार की रचनाओं को एंटरटेनमेंट कहता है, इस श्रेणी की कृतियों में इसे आदर मिलेगा। कालजयी न सही, मगर यह उपन्यास जल्दी भुलाया भी न जा सकेगा।' इस टिप्पणी से समझा जा सकता है कि 'कुरु कुरु स्वाहा' का कैनवास कितना बड़ा है।

कथा के स्तर पर 'कुरु कुरु स्वाहा' पहुँचेली नामक स्त्री की कहानी के माध्यम से इस प्रश्न से बार-बार टकराता है कि सत्य क्या है? उपन्यास में पहुँचेली की कहानी के कई रूप दिखाई देते हैं, लेकिन कौन सा रूप वास्तविक है, इसका पता नहीं चल पाता। कथानायक का चरित्र तीन स्तरों में विभाजित है। उपन्यास की कथा आत्मचरितात्मक भी कही जा सकती है। लेखक ने मुंबई फिल्म्स डिवीजन में अधिकारी बनकर काम किया था। उपन्यास में एक तरह से उस दौर की स्मृतियों को दर्ज करने का भी प्रयास किया गया है। उपन्यास में कथा के अनेक स्तर हैं, लेकिन उनकी आपस में संगति भी दिखाई देती है।

उपन्यास में अलग-अलग पाठकों के आकर्षण के अलग-अलग पहलू दिखाई देते हैं। किसी को इस उपन्यास की वाक्पटुता आकर्षित कर सकती है तो कोई उस उपन्यास में आए तांत्रिक-सांस्कृतिक संदर्भों के कारण उसमें रुचि ले सकता है। जिस तरह से इस उपन्यास में 'पहुँचेली' की तलाश दिखाई गई

है, उसके कारण किसी को इस उपन्यास में भारतीय अस्मिता की खोज का पहलू भी दिखाई दे सकता है। इस उपन्यास में जिस तरह से साहित्य और साहित्यकारों के हवाले आए हैं—किसी को 'कुरु कुरु स्वाहा' इसलिए महत्त्वपूर्ण लग सकता है। उपन्यास गंभीर सवालों को इस तरह लोकप्रिय शैली में उठाता है कि उससे उपन्यास को नए आयाम मिलते हैं।

उपन्यास की कथा में परंपरा और आधुनिकता का द्वंद्व लगातार चलता दिखाई देता है। आधुनिकता का भारतीयों के लिए क्या तात्पर्य है? क्या आधुनिक होने का तात्पर्य परंपरा का स्वीकार या नकार है? आधुनिक भारत ने मध्यवर्गीय व्यक्तित्व को किस तरह विखंडित कर दिया है? आधुनिक भारतीय जन के सपने किस तरह के हैं? उपन्यास की कथा इस तरह के अनेक प्रश्नों से टकराती चलती है। उपन्यास की कथा आधुनिक विचारधाराओं के बने-बनाए जवाबों की ओर नहीं ले जाती है, बल्कि बार-बार वह कुछ ऐसे प्रश्नों से टकराती है, जो जवाब नहीं मिलने से उठ खड़े होते हैं। सदियों की परंपरा के बोझ को उतार फेंकने के लिए व्याकुल इस भारत में आगे बढ़ने की छटपटाहट है, दिशा कोई भी हो। प्रश्नों से भरा, लगभग सबकुछ पर विश्वास अविश्वास करता हुआ वह आगे बढ़ रहा है।

उपन्यास की कथा में इस तरह के अनेक सवाल हैं, जिनका संबंध आजादी के बाद के आधुनिक भारत के लोगों के सपनों से है। वह भारत जिसके सामने उपनिवेशवाद-पूँजीवाद, उपभोगवाद, हिंदुत्व, सत्ता-संघर्ष जैसे राजनीतिक संदर्भ हैं। उसकी समस्या यह है कि इनमें से वह किसे अपनाए और किसे त्यागे? वर्तमान में रहने की व्याख्या अपने लिए वह किस तरह करे? भारतीय बुद्धिजीवी वर्ग के संशय की कथा को उपन्यास में बहुत अच्छी तरह प्रस्तुत किया गया है। स्वयं लेखक मनोहर श्याम जोशी ने अपने इस उपन्यास के बारे में अजित कुमार से बातचीत में कहा था—"नए भारत के तमाम तरह के सवाल रचना में बार-बार उठाए गए हैं। हजार की नौकरी, 'तंत्रा-योगा' के प्रति उत्सुकता, 'एक ठो वेस्टलैंड' या 'वार ऐंड पीस' जैसी किसी कृति की रचना, संस्कारी ब्राह्मण किशोर की महानगर में हकबकाहट, किसी और के धोखे में किसी अन्य का मारा जाना—आज के भारत की ये ठोस स्थितियाँ हैं। इनके बीच में गुजरा यह उपन्यास मुझे

वास्तविकता के अधिक निकट दिखाई देता है। 'मैं कौन हूँ' के बुनियादी सवाल के साथ-साथ यह 'मैं क्या करूँ' का भी जरूरी सवाल उठाता है।''

धर्मवीर भारती ने इस उपन्यास के बारे में लिखा था—''शैली का अनोखापन और शिल्प-चातुर्य इस उपन्यास को महत्त्वपूर्ण उपलब्धि बना देता है। बंबई के महानगरीय परिवेश में एक पर्वतीय अंचल का युवा पत्रकार कैसे इस महानगर के जीवन के रहस्यमय दायरों में प्रवेश करता है, चारों ओर फैली-बिखरी जिंदगियों के अंतराल में झाँकता है, स्वयं उस नायक-कथाकार के व्यक्तित्व में कितने व्यक्तित्व हैं, जो हर अनुभव में से गुजरते हुए एक-दूसरे का विश्लेषण करना चाहते हैं। उसके साथ गहरे व्यंग्य की एक प्रच्छन्न धारा, सबकुछ बड़े रोचक ढंग से प्रस्तुत हुआ है।''

'कुरु कुरु स्वाहा' में कथा और शिल्प का जैसा कोलाज जोशीजी ने रचा, उससे उनके अगले रचना-पड़ाव की प्रतीक्षा बड़ी शिद्दत से की जा रही थी। ऐसे में 1982 में प्रकाशित दूसरे उपन्यास 'कसप' ने पाठकों-आलोचकों को एक बार फिर उनकी उपन्यास-कला के प्रति आकर्षित किया। उपन्यास में प्रेम-कहानी कही गई है। लेकिन प्रचलित प्रेम-कथाओं से इसका कथानक, कथा कहने की शैली इतनी भिन्न है कि इसका नयापन आकर्षित करता है। डी.डी. और बेबी की इस प्रेम-कहानी में जिस तरह कथा के साथ-साथ लेखकीय हस्तक्षेप के रूप में बौद्धिक विमर्श चलता रहता है, उसके कारण कई आलोचक इस उपन्यास को जोशीजी के दूसरे साहित्यिक गुरु अज्ञेय के उपन्यास 'नदी के द्वीप' से जोड़कर भी देखते हैं। 'कसप' केवल प्रेम-कहानी नहीं है। इस उपन्यास में भी परंपरा और आधुनिकता का द्वंद्व है, मैं कौन हूँ से जुड़े सवाल हैं और मध्यवर्गीय समाज के मानकों पर उठाए गए प्रश्न हैं।

मनोहर श्याम जोशी अपने उपन्यासों के माध्यम से अनेक-अनेक सवाल उठाते हैं—ऐसे सवाल, जिनके जवाब मुश्किल होते हैं। उपन्यास के पहले संस्करण के ब्लर्ब में उपन्यास के सीमांतों को परखने की कोशिश की गई है। उसके अनुसार, ''कसप लिखते हुए मनोहर श्याम जोशी ने आंचलिक कथाकारोंवाला तेवर अपनाते हुए कुमाऊँनी हिंदी में कुमाऊँनी जीवन का जीवंत चित्र आँका है। यह प्रेमकथा दलिद्दर से लेकर दिव्य तक का हर स्वर छेड़ती है, लेकिन वह ठहरती हर बार

उस माध्यम पर है, जिसका नाम मध्यवर्ग है। एक प्रकार से मध्यवर्ग ही इस उपन्यास का मुख्य पात्र है। जिन सुधी समीक्षकों ने 'कसप' को हिंदी के प्रेमाख्यानों में 'नदी के द्वीप' के बाद की सबसे बड़ी उपलब्धि ठहराया है, उन्होंने इस तथ्य को रेखांकित किया है कि जहाँ 'नदी के द्वीप' का तेवर बौद्धिक और उच्चवर्गीय है, वहाँ 'कसप' का दार्शनिक ढाँचा मध्यवर्गीय यथार्थ की नींव पर खड़ा है। इसी वजह से 'कसप' में कथावाचक की पंडिताऊ शैली के बावजूद एक अन्य ख्यात परवर्ती हिंदी प्रेमाख्यान गुनाहों का देवता की पठनीयता भी है। 'कसप' के संदर्भ में सिने शब्दावली का प्रयोग सार्थक है, क्योंकि न केवल इसका नायक सिनेमा से जुड़ा हुआ है, बल्कि कथा-निरूपण में सिनेमावत् शैली प्रयोग की गई है।''

इस उपन्यास के बारे में यह कथन देखिए—''1910 के काशी से लेकर 1980 के हालीवुड तक की अनुगूँजों से भरा, गँवई-गाँव के एक अनाथ, भावुक, साहित्य-सिनेमा अनुरागी लड़के और काशी के समृद्ध शास्त्रियों की सिरचढ़ी, खिलंदड़, दबंग लड़की के संक्षिप्त प्रेम की विस्तृत कहानी सुनानेवाला यह उपन्यास एक विचित्र सा उदास-उदास, मीठा-मीठा सा प्रभाव मन पर छोड़ता है।'' मनोहर श्याम जोशी ने कथा और शैली दोनों स्तरों पर अपने उपन्यासों में हर बार कुछ नया रचने का प्रयास किया है।

'कसप' एक ऐसी प्रेम-कहानी है, जिसमें प्रेम की उत्तर-कथा भी है। कुमाऊँनी भाषा के माध्यम से कुमाऊँ का जीवंत परिवेश इस उपन्यास में रचा गया है, जिस तरह से समूचा कुनबा प्रेम का हिस्सा बन जाता है, जिस तरह से सिनेमा पटकथा की 'है' शैली में उपन्यास की रचना की गई है, उससे इस सीधी-सरल सी दिखाई देनेवाली प्रेम-कहानी में विस्थापित होते समाज की पीड़ा की अनुगूँजें साफ सुनाई देने लगती हैं। इसमें केवल डी.डी. और बेबी की प्रेम कहानी नहीं है, कुमाऊँ का जीता-जागता समाज भी है। इस उपन्यास को लेकर प्रसिद्ध आलोचक कवि-संपादक विश्वनाथ प्रसाद तिवारी के पत्र के जवाब में जोशीजी ने 'कसप' के बारे में कुछ इस तरह की बातें लिखीं, ''कसप लिखते हुए मैं अपनी नहीं, अपनेपन की खोज कर रहा था। पहचानें, अपनापे क्यों घूम-फिरकर वही पुराने ढंग के और सीमित होते हैं ? क्यों कई पीढ़ियों से अमेरिका में बसे यूक्रेनी

लोग अपने एक कवि ताराशेको का स्मारक बनवाने के लिए पैसा भेजते हैं, क्यों वह यूक्रेन आकर अपने पूर्वजों के गाँव की मिट्टी ले जाते हैं···उपन्यास में मेरे पूर्वजों के कर्मकांडी और किसी हद तक शाक्त संस्कार हैं, जो कभी भी पूरी तरह मेरे अपने नहीं हुए। इतना जरूर है कि जितना संशय मेरे मन में उनके विषय में रहा, उतना ही धीरे-धीरे आधुनिकता की अन्य स्थापनाओं के बारे में पैदा होता चला गया।''

उपन्यास में केवल प्रेम की विफलता की कथा नहीं है, उस पारंपरिक कुमाऊँनी समाज की विफलता की कथा भी है, जो आधुनिकता की चुनौतियों के सामने दम तोड़ रही है। शायद इसीलिए उपन्यास में नायक विवाह के पारंपरिक संस्कारों का फिल्मीकरण कर लेता है। कुनबे की कथा के माध्यम से लेखक ने विस्थापित होते, अपनी परंपराओं को भूलते जाते कुमाऊँ समाज की कथा को रचने का प्रयास किया है। 'कसप' की कहानी का जिस तरह का परिवेश है और नायक जिस तरह से साहित्यिक-सांस्कृतिक संस्कारों वाला है, उससे यह भ्रम पैदा होता है कि उपन्यास आत्म-चरितात्मक तो नहीं। इस संबंध में अनेक साक्षात्कारों में जोशीजी ने इस उपन्यास को काल्पनिक बताया है। 23 अगस्त, 1995 को अंग्रेजी दैनिक 'पायनियर' के साप्ताहिक परिशिष्ट में प्रकाशित लंबे साक्षात्कार में उन्होंने इस संबंध में कहा कि यह उपन्यास पूरी तरह से काल्पनिक है। मेरे जीवन से इस उपन्यास की अगर कोई समानता है तो वह यह कि मेरे बड़े भाई जिनका नाम देवीदत्त था, उनको लोग इस उपन्यास के कथानायक की तरह 'डी.डी. द मूडी' कहकर बुलाते थे।

मनोहर श्याम जोशी के अनेक उपन्यास अधूरे रह गए। साठ के दशक में उन्होंने 'कनसंगस्यांगशवस्याओ' नामक एक उपन्यास लिखना आरंभ किया। अगर यह उपन्यास पूरा होकर प्रकाशित होता तो शायद हिंदी का पहला साइंस-फिक्शन होता। इस उपन्यास में तीन अलग-अलग पात्रों की कहानी थी। उन तीन पात्रों में एक पात्र का नाम हरिया था। वह उपन्यास तो पूरा नहीं हो पाया, लेकिन उस उपन्यास के एक पात्र हरिया को कथा-नायक बनाकर उन्होंने उपन्यास लिखा 'हरिया हरक्यूलीज की हैरानी'। उनका यह तीसरा उपन्यास 1994 में प्रकाशित हुआ। इस उपन्यास के बारे में हिंदी के प्रसिद्ध लेखक उदय प्रकाश ने लिखा

है—"'हरिया हरक्यूलीज की हैरानी' उपन्यास की दुर्लभ स्वतंत्रता का उदाहरण है। यह उपन्यास आख्यान की मुक्ति का संभवतः पहला पाठ है। आख्यान इस उपन्यास में स्वयं साध्य है, वह स्वयं लक्ष्य है। जो भी पाठक 'हरिया हरक्यूलीज की हैरानी' उपन्यास को जीवन-गाथा या किसी विशेष कालखंड के सामाजिक यथार्थ के बखान का साधक मानकर पढ़ना चाहेंगे, उन्हें घनघोर निराशा हाथ लगेगी। 'हरिया हरक्यूलीज की हैरानी' में आख्यान की कला पर चिंतन है।"

मनोहर श्याम जोशी के उपन्यासों की बड़ी विशेषता यह मानी जाती है कि हर उपन्यास के साथ पाठकों-आलोचकों के सामने उन्होंने नई चुनौती प्रस्तुत की। 'कुरु कुरु स्वाहा' और 'कसप' के बाद करीब बारह वर्षों के अंतराल पर 'हरिया हरक्यूलीज की हैरानी' उपन्यास का प्रकाशन हुआ। कथाकार उदय प्रकाश की यह बात उनके उपन्यासों के संदर्भ में सही प्रतीत होती है, "मनोहर श्याम जोशी की विशेषता ही यह है कि वे बिना प्रयोगवादी हुए हर बार अपनी नई कृति में कुछ ऐसा नया कर जाते हैं कि जो पाठक या आलोचक उनको प्रेमचंद या इलाचंद जोशी की परंपरा में रखने को कमर कस चुके होते हैं, उनकी समझ में यह नहीं आता कि अब उन्हें इतालो कैल्विनो या उम्बर्तो इको के साथ रखें या सतत प्रयोगधर्मी, दुरूह और लगभग अपठनीय कृष्ण बलदेव वैद के खाने में।"

महज 127 पृष्ठों के इस उपन्यास की कथा बेहद रोचक तो है, लेखकीय युक्तियाँ इसे समय-संदर्भों में महत्त्वपूर्ण साबित करती हैं। वस्तुतः यह उपन्यास और इसका शिल्प सोद्देश्य है। किस तरह टेलीविजन के दौर में बतकही की संस्कृति समाप्त होती जा रही है, कुनबे की किस्से-कहानियों में जीनेवाला समाज धीरे-धीरे अकेला होता जा रहा है। इस उपन्यास की कथा यह भी याद दिलाती चलती है कि टीवी बाद के समय में सामाजिकता का क्षरण होता जा रहा है। इस उपन्यास के अंतिम हिस्से में उपन्यासकार का यह कथन देखें—"हर कहानी हैरानी से पैदा होती है और हर कहानी पर उस हैरानी को रोजमर्रा के मुहावरे में समझने की जिम्मेदारी रहती है। लेकिन रोजमर्रा के मुहावरे में अब हैरानी के लिए गुंजाइश ही कहाँ है।"

मनोहर श्याम जोशी का चौथा उपन्यास 'हमजाद' 1996 में प्रकाशित

हुआ। जोशीजी के अन्य उपन्यासों की तरह ही 'हमजाद' भी अपने शिल्प के कारण चर्चित रहा तो अपने विषयवस्तु के कारण विवादास्पद। इसमें कोई संदेह नहीं कि यह हिंदी के सबसे 'बोल्ड' और विवादास्पद उपन्यासों में से एक है। वैसे यह भी सच्चाई है कि इस उपन्यास को जोशीजी के अन्य उपन्यासों के समान लोकप्रियता नहीं मिली। लेकिन इससे इसकी प्रासंगिकता कम नहीं हो जाती। बुरे आदमी और बुराई की ऐसी कहानी इसमें कही गई है कि वह अश्विसनीय प्रतीत होने लगती है। इसकी कहानी तखतराम धरेजा तअस्सुफ अहमदपुरी की लिखी हुई है। उसने यह कहानी जयदेव पुनवानी नामक एक व्यक्ति के कहने पर उसके फिल्म-निर्माता पिता की जीवनी के रूप में लिखी है और जिसके एवज में उसे एक हजार डॉलर बतौर एडवांस राशि भी मिली है।

तखतराम धरेजा के माध्यम से लेखक ने कथा के बारे में संकेत दिया है कि किस तरह यह कहानी प्रचलित यथार्थवादी उपन्यासों की धारा से भिन्न प्रकृति की है। तखतराम धरेजा लिखता है, ''मैंने आपके पापाजी के कच्चे चिट्ठे को अदबी जामा पहनाने की कोशिश की है। लेकिन खुद मैं ही अदबी लिहाज से अपने इस कलाम को दो कौड़ी का नहीं ठहराऊँगा। इसमें गंदगी भरी पड़ी है और कहीं कोई ऐसी चीज नहीं है, जो उस गंदगी को फैलने में रोकती हो या उसे साफ करने का बीड़ा उठाने को कोंचती हो।'' उपन्यास में पैसे के एवज में एक फिल्म-निर्माता के मरने के बाद उसका हमजाद (साथ-साथ पैदा हुआ) और सबसे पुराना मित्र उसकी बुराइयों की दास्तान लिखने का फैसला करता है, वह भी उस व्यक्ति के पुत्र के कहने पर।

'हमजाद' की रचना-प्रक्रिया के बारे में एक साक्षात्कार में जोशीजी ने बताया था कि ''पहले उन्होंने 'टचवुड' शीर्षक से कहानी लिखने की शुरुआत की। कहानी ऐसे आदमी के बारे में थी, जो इतना भाग्यशाली था कि उसके बारे में जब लोग बातें करते तो 'टचवुड' शब्द का प्रयोग करते कि कहीं नजर न लग जाए। फिर बाद में 'मेड़ा शर्म भी तू मेड़ा शान भी तू' शीर्षक से एक साथ पैदा हुए दो दोस्तों की कहानी में वह रूपांतरित होने लगी। बाद में उसका नाम 'हमजाद' हो गया।'' खल पात्रों का एक ऐसा संसार इस उपन्यास में है,

जिससे यह बात समझ में आती है कि पूँजीवाद ने मनुष्य को किस तरह से भावहीन बना दिया है।

आलोचक सुधीश पचौरी ने इस उपन्यास के बारे में लिखा है—"'हमजाद' को पढ़ते हुए हम घबराने लग सकते हैं। लेकिन जोशीजी ने इसे चौंकाने या मजा देने के लिए नहीं लिखा। यह चौंकाता नहीं है। नारकियानी के नरक में पाठक व्याकुल होता है। स्वीकृत नैतिकताएँ इस नरक में जाने के बाद साबुत नहीं बचतीं। यह एक उत्तर-आधुनिक किस्म का प्रतिरोध है पाखंडी नैतिक जगत् का। उत्तर-आधुनिक कथा-विलास प्रतिरोधमूलक भी हो सकता है, इसे यहाँ देखा जा सकता है। रौरव नरक दिखाकर पाठक को लेखक अपने विवेक पर छोड़ देता है कि वह क्या चुने। और यह चुनाव बेहद कठिन है। नैतिक प्रश्न इस तरह कठिनतर बनाए गए हैं यहाँ। पैशाचिक यथार्थ की ऐसी निर्मिति वह तत्त्व है, जिसे आधुनिक नैतिकता ने लगातार दबाया है। यथार्थवाद से परे एक खल यथार्थ। यहाँ कहानी का सच हकीकत के सच से ज्यादा सच होता है।" हमजाद के बारे में कहा जा सकता है कि यह उपन्यास अपने समय में बहुत आगे का उपन्यास है।

मनोहर श्याम जोशी के जीवनकाल में प्रकाशित होनेवाला उनका अंतिम उपन्यास था 'क्याप'। 'क्याप' का प्रकाशन सबसे पहले महात्मा गांधी अंतरराष्ट्रीय हिंदी विश्वविद्यालय की पत्रिका 'बहुवचन' के अंक-तीन में हुआ था। बाद में 2001 में वाणी प्रकाशन से यह उपन्यास रूप में छपा। जब जोशीजी का उपन्यास 'कसप' प्रकाशित हुआ तो उसके बाद अनेक साक्षात्कारों में उन्होंने कहा कि कुमाऊँनी भाषा के दो शब्दों को लेकर वे बहुत दिनों से अलग-अलग उपन्यास लिखने की योजना बना रहे थे—पहला शब्द 'कसप' था, दूसरा 'क्याप'। 'क्याप' का प्रयोग भी कुमाऊँनी में किसी न समझ में आनेवाली बात के लिए किया जाता है। शब्दों के अभिप्राय भले एक समान हों। उपन्यास की कथा एकदम भिन्न प्रकृति की है। 'कसप' में प्रेम-कथा थी, संबंधों के निस्सार होते जाने की कथा थी। 'क्याप' की कथा के अनेक-अनेक पहलू हैं, लेकिन एक स्तर पर इस उपन्यास में विचारधारा से मोहभंग की कथा प्रमुख रूप से उभरकर आती है।

बमुश्किल 150 पृष्ठों का यह उपन्यास अपने कैनवास में काफी बड़ा है।

उपन्यास की कथा में एक तरह से आजाद भारत की विफलता की कथा है। उन सपनों की विफलता-कथा स्वतंत्र देश में, जिनको फलित होना था। उनके अन्य उपन्यासों की ही तरह इसमें भी लेखक कोई बने-बनाए समाधान नहीं प्रस्तुत करता है, बल्कि उस ऊहापोह को सामने लाने का प्रयास करता है, जिसमें भारतीय समाज जी रहा है। इसमें एक ऐसे समाज की कथा है, जिसके सारे आदर्श धीरे-धीरे पीछे छूटते जा रहे हैं, जिसके यथार्थ अविश्वसनीय होते जा रहे हैं। सर्वग्रासी राजनीति की छाया के तले समाज के सारे मूल्य तिरोहित हो रहे हैं। उपन्यास की कहानी के आरंभ में जिस ढिणमिणाण भैरव कांड का जिक्र आता है। अंत तक उसका रहस्य बरकरार ही रहता है कि आखिर माफिया सरगना और उसके सबसे बड़े शत्रु पुलिस डी.आई.जी. एक साथ कैसे मरे? ऐसी परिस्थितियाँ बन चुकी हैं कि उसे सुलझाने के बने-बनाए सारे सूत्र बेकार होते जा रहे हैं।

'क्याप' के लिए जोशीजी को वर्ष 2006 का साहित्य अकादमी पुरस्कार प्राप्त हुआ।

मनोहर श्याम जोशी के जीवन-काल में यही छह उपन्यास प्रकाशित हुए थे। 2006 में उनके मरणोपरांत 'कौन हूँ मैं' शीर्षक से उनका एक वृहत् उपन्यास प्रकाशित हुआ। उपन्यास में बंगाल की प्रसिद्ध भुवाल संन्यासी की कथा के माध्यम से अस्मितामूलक विमर्श को समझने का प्रयास किया गया है।

जैसा कि ऊपर की चर्चा से स्पष्ट है कि मनोहर श्याम जोशी ने वैसे तो साहित्य की कई विधाओं में रचना की, लेकिन अपने उपन्यासों के लिए उनको विशेष रूप से याद किया जाता है। उनके उपन्यासों में बौद्धिकता भी है और आम बोलचाल की रोचक शैली भी। इसमें कोई संदेह नहीं कि अपने उपन्यासों के कारण वे हिंदी में सदा याद किए जाएँगे।

(ख) पटकथा-लेखक के रूप में योगदान

मनोहर श्याम जोशी ने अपने साक्षात्कार में कहा है कि आरंभ से ही उन्होंने साहित्यिक और व्यावसायिक दोनों तरह का लेखन समान रूप से किया है। व्यावसायिक-लेखन में टीवी धारावाहिक पटकथाकार के रूप में उनके लेखन को हमेशा याद किया जाएगा। उनके साहित्यिक लेखन में भी पठनीयता होती

थी और व्यावसायिक लेखन में भी सोद्देश्यता। उनके लिखे धारावाहिकों 'हमलोग', 'बुनियाद' के बारे में कहा जाता है कि इनको देखने के लिए लोगों ने टेलीविजन खरीदा। जब-जब सोद्देश्य सामाजिक धारावाहिकों की चर्चा की जाती है, दूरदर्शन के इन आरंभिक धारावाहिकों की चर्चा जरूर की जाती है।

जुलाई 1984 को दूरदर्शन पर 'हमलोग' नामक पहले धारावाहिक का प्रसारण आरंभ हुआ। इसके निर्देशक थे पी. कुमार वासुदेव, लेकिन इसकी कहानी इतनी मजबूत है कि इस धारावाहिक के साथ इसके लेखक का नाम भी प्रसिद्ध हुआ। इसकी कहानी निम्न-मध्यवर्गीय संयुक्त परिवार की है, एक ऐसे परिवार की, जिसमें विवाह योग्य कुँवारी लड़कियाँ हैं। 'विविधता में एकता' वाले 'बसेसरनाथ' के परिवार की इस कहानी ने उस दौर में घर-घर में चर्चा का विषय ही बदलकर रख दिया। इस धारावाहिक से हिंदी-भाषी इलाकों के मध्यवर्ग और टेलीविजन के एक नए रिश्ते की शुरुआत हुई। 'छोटा परिवार सुखी परिवार' के आदर्श को लोकप्रिय बनाने के उद्देश्य से इस धारावाहिक का निर्माण हुआ था। लेकिन कहानी कहने की शैली इतनी यथार्थपरक थी कि दर्शकों ने इस धारावाहिक की भरपूर सराहना की। निम्न-मध्यवर्ग के जीवन से जुड़ी कथा को आधार बनाकर तैयार किया गया कोई धारावाहिक कितना लोकप्रिय हो सकता है, 'हमलोग' उसके प्रतिमान की तरह है।

'हमलोग' के बाद जब 'बुनियाद' नामक धारावाहिक का प्रसारण हुआ तो उसने लेखक के रूप में जोशीजी को लोकप्रियता के शिखर पर पहुँचा दिया। 'बुनियाद' की कहानी एक ऐसे परिवार की तीन पीढ़ियों की कहानी है, जो विभाजन के समय लाहौर में भड़क उठे दंगों की तबाही में जिसका सबकुछ बरबाद हो गया। पाँच दशकों तक समय के थपेड़ों का मुकाबला करता हुआ वह परिवार एक बार फिर खुशहाली की मंजिल तक पहुँचता है। 'बुनियाद' का निर्देशन रमेश सिप्पी ने किया था। कहा जाता है कि 'शोले' के बाद रमेश सिप्पी के निर्देशन में बनी यह दूसरी यादगार कृति है।

भारत की आजादी के साथ हुए बँटवारे में सरहद के उस पार से इस पार आ गए लोगों की स्मृतियों की कहानी है 'बुनियाद'। स्मृतियाँ सामूहिक हैं— खोने की कसक दोनों ओर है। टेलीविजन के परदे पर स्मृतियों की यह सबसे

बड़ी कथा है। आजादी के बाद दिल्ली में किस तरह का समाज बना, किस तरह के आदर्श पीछे छूट गए, कितने सपनों को यथार्थ की भयावहता ने कुचलकर रख दिया—धारावाहिक में विभाजन और उससे जुड़े नैतिकता के सवालों को भी परखने की कोशिश की गई है। प्रसिद्ध मीडिया-आलोचक सुधीश पचौरी ने इस धारावाहिक के बारे में लिखा है, "अपने तमाम फिल्मी लटकों-झटकों के बावजूद, हमारे लाख नाक-भौं सिकोड़ने के बावजूद जिस निरंतरता से 'बुनियाद' ने एक-से-एक चरित्र हमें दिए, उतने दूरदर्शन ने अब तक के इतिहास में न दिए होंगे। हवेलीराम का दृढ़ आदर्शवाद, लाजोजी का धरती जैसा माँ रूप और विभाजन की विभीषिका को पृष्ठभूमि बनाकर चलती हुई कहानी, तमाम उत्तर भारत के आधुनिक मध्यवर्ग की नींव की तरह हमें छूती रही। यदि दूरदर्शनवाले इस धारावाहिक से मनमानी छेड़छाड़ नहीं करते और जोशी-सिप्पी को थोड़ी अधिक आजादी देते तो यह आजादी के बाद के परिवार का और इस तरह के समाज का राजनीतिक-सांस्कृतिक अध्ययन बन गया होता। फिर भी, इतने दबावों और सेंसर के बावजूद 'बुनियाद' धारावाहिकों के इतिहास में निशान छोड़नेवाला है।"

पारिवारिक धारावाहिकों के अलावा दूरदर्शन के लिए हास्य-व्यंग्य के धारावाहिकों के लेखन से भी जोशीजी को पर्याप्त प्रसिद्धि मिली। ऐसा एक धारावाहिक था 'मुंगेरीलाल के हसीन सपने'। आज भी राजनेताओं द्वारा इसका मुहावरे के रूप में प्रयोग किया जाता है। उस जमाने में प्रकाश झा निर्देशित इस धारावाहिक ने दर्शकों के बीच अच्छी जगह बनाई थी। इस धारावाहिक के साथ 'सिटकॉम', यानी परिस्थितिजन्य हास्य नामक नई विधा का टेलीविजन इतिहास में जन्म हुआ। इसके हर एपिसोड में हास्य के ऐसे-ऐसे प्रसंग होते थे कि दर्शक हँसते-हँसते लोट-पोट हो जाते थे। यद्यपि इसका प्रसारण दूरदर्शन पर कम ही समय के लिए हुआ, मगर इसका प्रभाव जबरदस्त था।

इसी तरह, राजनीतिक व्यंग्य पर आधारित पहले धारावाहिक 'कक्काजी कहिन' के लेखक के रूप में भी मनोहर श्याम जोशी को याद किया जाता है। इस धारावाहिक को लिखने से पहले जोशीजी ने 'साप्ताहिक हिंदुस्तान' में 'नेताजी कहिन' नामक व्यंग्य स्तंभ लिखा, जो काफी लोकप्रिय हुआ। इसमें नेताजी जिस तरह बिहारी शैली में अंग्रेजी बोलते थे, उनको पाठकों ने मुहावरे की तरह इस्तेमाल

करना आरंभ कर दिया। जैसे—एंटर द सिटी डू एवरीथिंगा, हार्ट पुटिंग कोसलपुर किंगा', बासु चटर्जी ने जब इसे धारावाहिक के रूप में प्रस्तुत किया तो उसमें ओमपुरी ने नेताजी की भूमिका निभाई और उनकी बिहारी शैली काफी लोकप्रिय भी रही। 'कक्काजी कहिन' को तीखे धारधार व्यंग्य के कारण याद किया जाता है। दूरदर्शन के दौर में 'कक्काजी कहिन' को काफी काट-छाँटकर दिखाया गया था। बाद में जब केबल टीवी का दौर आया तब भी इस तरह का कोई धारावाहिक न बना, न प्रसारित हुआ।

मनोहर श्याम जोशी ने 'हमराही' और 'जमीन आसमान' जैसे कुछ अन्य धारावाहिकों का भी लेखन किया। 'जमीन आसमान' का निर्देशन महेश भट्ट ने किया था और इस धारावाहिक की कथा 'मिलियनायर्स डॉटर' नामक उपन्यास पर आधारित थी। लेखक के रूप में वे अपने आत्मसम्मान का कितना ध्यान रखते थे, इसका अंदाजा इस बात से लगाया जा सकता है कि जब 'जमीन आसमान' लोकप्रिय हो गया तो निर्माता ने लेखक से इस धारावाहिक की कहानी को खींचकर बढ़ाने का आग्रह किया, ताकि इस धारावाहिक की लोकप्रियता को भुनाकर कमाई की जा सके। कमाई के लिए उन्होंने कहानी से समझौता करने से मना कर दिया और इस धारावाहिक के लेखन से स्वयं को अलग कर लिया। लेखकीय स्वाभिमान से उन्होंने कभी समझौता नहीं किया।

1990 के बाद देश में केबल टीवी का दौर आया और धीरे-धीरे भारतीय आकाश पर अनेक निजी चैनल आ गए। पहले केवल दूरदर्शन पर ही धारावाहिकों का प्रसारण होता था। बाद में निजी चैनलों में सीरियल प्रसारित करने की होड़ मच गई। धीरे-धीरे टेलीविजन परदे पर से कहानियों की विदाई होने लगी और सफलता के नाम पर तथाकथित फॉर्मूले आजमाए जाने लगे। ऐसे दौर में लेखक के रूप में इस माध्यम से उन्होंने धीरे-धीरे स्वयं को अलग कर लिया। वे यह मानते थे कि टेलीविजन सोद्देश्य मनोरंजन का माध्यम है और अंत तक इसी बात पर अडिग रहे। पैसे कमाने के लिए उन्होंने फॉर्मूला-लेखन नहीं किया। ऐसे समय में जब सारे टेलीविजन चैनल एक समान मनोरंजन की बात करने लगे थे, समाज में एकसापन फैला रहे थे, जोशीजी ने हमेशा विविधता की वकालत की। वे यह मानते रहे कि अलग-अलग तरह के कथारूपों को आजमाकर भी टीवी माध्यम

में सफलता प्राप्त की जा सकती है।

निजी टेलीविजन चैनलों के दौर में उन्होंने केवल एक निजी टीवी चैनल के लिए धारावाहिक लिखा—स्टार प्लस के लिए। स्टार प्लस चैनल का जिन दिनों हिंदीकरण चल रहा था, उस समय देश में स्वतंत्रता की 50वीं सालगिरह मनाई जा रही थी। स्टार प्लस ने इस अवसर को ध्यान में रखते हुए 'गाथा' नामक धारावाहिक की योजना बनाई। लेखक मनोहर श्याम जोशी थे और इसका निर्देशन रमेश सिप्पी ने किया। इस धारावाहिक में एक हिंदू और एक मुसलिम परिवार की कहानी के माध्यम से यह दिखाने का प्रयास किया गया था कि आजादी के पचास सालों में सामाजिक स्तर पर भारत ने क्या खोया, क्या पाया? धारावाहिक को वैसी सफलता नहीं मिली। चैनल की ओर से कहा जाने लगा कि कहानी में लटके-झटके डालिए, सफलता के फॉर्मूले डालिए। जब लेखक मनोहर श्याम जोशी तक इस तरह की बातें पहुँचीं तो उन्होंने न केवल धारावाहिक से बतौर लेखक स्वयं को अलग कर लिया, बल्कि उसके बाद उन्होंने टीवी के लिए कोई सीरियल नहीं लिखा।

निजी टेलीविजन चैनलों के प्रसारण शुरू होने के बाद एक बड़ा बदलाव यह आया है कि टीवी पर प्रसारित होनेवाले धारावाहिकों की संख्या में वृद्धि हो गई है, लेकिन इस माध्यम ने लेखक को फेसलेस बना दिया है। धारावाहिकों में सफलता के नाम पर इस तरह फॉर्मूले का समावेश किया जाता है कि धारावाहिकों में नयापन नहीं रह जाता है। जोशीजी अकसर टेलीविजन के इस तरह के विकास को लेकर चिंता प्रकट किया करते थे। एक साक्षात्कार में उन्होंने कहा कि धीरे-धीरे टेलीविजन सूचना और मनोरंजन का माध्यम न रहकर फॉर्मूलों का माध्यम होता जा रहा है। इस माध्यम के उस पहले किस्सागो को हमेशा याद किया जाएगा यादगार कहानियों के लिए, यादगार चरित्रों के लिए।

□

परिशिष्ट

मनोहर श्याम जोशी ने पत्रकारिता और साहित्य के अनुभव के आधार पर 1996 में एक सेमिनार में 'मीडिया और साहित्य' विषय पर एक परचा पढ़ा था। वे इन दोनों क्षेत्रों के अपने अनुभवों के आधार पर एक पूरी पुस्तक लिखना चाहते थे, जो अधूरी रह गई थी। यहाँ प्रस्तुत है मीडिया और साहित्य विषयक उसी परचे का एक अंश।

"मैंने अपना साहित्यिक होश सन् 50 के आस-पास के उस दौर में सँभाला, जिसमें हाथीदाँत-मीनार छाप आधुनिकता और सर्वहारा छाप क्रांतिकारी दोनों ही अपने पूरे उरूज पर थीं। तरुण साहित्यकार उनके प्रेमी थे। अपने अकेलेपन में उनको याद कर-कर के लिखा करते थे और जो भी लिखते थे, गोया उनको रिझाने के लिए ही लिखते थे। लखनऊ कॉफी हाउस में दूसरे नौजवान लेखकों के साथ-साथ मैंने भी अकसर उनकी सोहबत की—ज्यादातर बारी-बारी से, एकाध मर्तबा साथ-साथ भी। ये दोनों हसीनाएँ ही हमारी प्रेरणाएँ थीं। कुछ बुजुर्ग साहित्यकारों की तरह चरखा छाप या रामायण छाप राष्ट्रीयता, जातीयता नामक दो अन्य प्रेरणाओं के साथ दूध जलेबी खाते हुए स्वाधीनता संघर्ष या धर्मपुराण की चर्चा करने का हम नौजवानों में जरा भी उत्साह न था।

उसी दौर में पश्चिम में मास मीडिया उभर रहा था और मास कल्चर का जिक्र चल रहा था। तमाम देशों में सिनेमा अपनी उठान पर था और अगर

एक तरफ हॉलीवुड की शक्ल में यह घटियापन और बाजारूपन का प्रतीक ठहराया जा रहा था तो दूसरी तरफ उसे सातवीं कला का दरजा देने की बात चल पड़ी थी। सिनेमा की लोकप्रियता का तब भी यह आलम था कि भले ही हम साहित्यकारों के हीरो प्रेमचंद और निराला रहे हों, आम जनता के हीरो अशोक कुमार और दिलीप कुमार ही थे। यह हकीकत हमें बहुत परेशान किया करती, लेकिन साथ ही हम इस बात को भी अच्छी तरह समझते थे कि साहित्य-कला बिरादरी में सिनेमा-बायोस्कोप की बात व्यंग्य-विनोद के स्तर पर तो की जा सकती है, लेकिन उसके बारे में गद्‌गद या गुरु-गंभीर चर्चा करना हमें आधुनिकता और क्रांतिकारिता की नजरों में गिरा ही सकता है।

अगर कभी हम कॉफी हाउस में अपनी प्रेरणाओं के सामने सिनेमा के भी कलात्मक या क्रांतिकारी होने की बात उठा देते तो वे हमें आँख तरेरकर देखती और सावधान करती कि दुनिया के हर देश में फिल्मी दुनिया साहित्यिक प्रतिभा के लिए कब्रगाह साबित हुई है। मेरे साहित्यिक गुरु अमृतलाल नागर उन्हीं दिनों फिल्मी दुनिया से लौटकर आए थे। जब मैंने उनसे बंबई (अब मुंबई) जाने के लिए आशीर्वाद और सिफारिशी चिट्ठी देने का अनुरोध किया, तब उन्होंने कहा, ''सिनेमा से जुड़ोगे तो घटिया लेखक कहलाओगे, हो जाओगे। मैं खुद वहाँ जाकर पछता रहा हूँ।'' नागरजी हिंदी के अन्य साहित्यकारों की तरह फिल्मी दुनिया में विफल नहीं रहे थे। लेकिन एक लोकप्रिय माध्यम में उनका सफल होना ही उन्हें उस आधुनिक साहित्यिक बिरादरी के लिए घटिया बनाए दे रहा था, जिसे नागरजी इंटेलेक्चुअलता की मारी हुई बताते थे। इस इंटेलेक्चुअलता का इतना दबदबा था कि स्वयं नागरजी ने बंबई से लौटने के बाद लोकप्रिय लेखन से भरसक परहेज बरता।

जो हो, लोकप्रियता का सवाल मेरे-जैसे कुछ नौजवान लेखकों को खासा परेशान करता था। हम सोचते कि अगर आधुनिकता का लोकतंत्र से चोली-दामन का रिश्ता है तो वह लोकप्रियता के खिलाफ कैसे हो सकती है? यह कोई जलन का मामला है या सिद्धांत का? अगर हम आधुनिकता से पूछते तो वह हमारी नादानी पर हँसती और कहती, जो चीज लोकप्रिय हो वह आधुनिक कैसे होगी भला? अरे आम आदमी की समझ में तो वही आएगा,

जो उसके लिए जाना-पहचाना होगा। और जाना-पहचाना वही होगा, जो पहले से चला आ रहा हो। और जो पहले से चला आ रहा होगा, वह आधुनिक कैसे होगा? आधुनिकता यह भी कहती है कि मैं लोकतंत्र-विश्वासी हूँ, इसीलिए लोकप्रियता का विरोध करती हूँ। जिस तरह लोकतंत्र हर व्यक्ति को सामंती बंधनों से मुक्त करके अपना जीवन अपने ढंग से जीने की छूट दिलाता है उसी तरह वह हर रचनाकार को परंपरा की बेड़ियों से मुक्त करके अपने ढंग से और अपने संतोष के लिए सिरजने की छूट दिलवाता है।

लोकतंत्रात्मक देशों में मास मीडिया के बढ़ते हुए बोलबाले की ओर जब आधुनिकता का ध्यान दिलाया जाता तब वह आह भरकर इसे आम जनता के दिमागी तौर से सामंती संस्कृति से ही जुड़े रह जाने का एक दुःखद सबूत ठहराती। वह दावा करती कि देख लेना एक दिन, जन-जन को निर्बंध बनाकर मैं ही सच्ची क्रांति कराऊँगी। हम आधुनिकता के मुँह से यूरोप के 'अवाँगार्द' के किस्से सुनते जिसके सदस्य आधुनिकता और क्रांतिकारिता दोनों के ही मामले में सबसे आगे थे। हम सुनते और सोचते कि हम भी इसी तरह की आधुनिक क्रांतिकारिता से जुड़ेंगे। हमें खुशी होती कि रूसी क्रांति की सांस्कृतिक अगुवाई भी अवाँगार्द से जुड़े लोगों ने की थी।

लेकिन जब हम क्रांतिकारिता के साथ चर्चा करते, तब वह अवाँगार्द की आधुनिकता और क्रांतिकारिता दोनों के आगे सवालिया निशान जड़ देती। वह कहती कि सर्वहारा की तानाशाही अनुशासन से चलती है, उच्छृंखलता से नहीं। जिसे तुम लोग प्रयोगवाद कह रहे हो, वह पूँजीवाद का ही एक मुखौटा है। इसीलिए सोवियत संघ में न कला में प्रयोग करने की इजाजत दी गई है और न जीवन-पद्धति में। तुम्हें जीवन में प्रयोग करने में दिलचस्पी हो तो स्वीडन जाओ और कला में प्रयोग करने से दिलचस्पी हो तो फ्रांस। क्रांतिकारी सोवियत संघ का ह्रासोन्मुख पूँजीवादी संस्कृति से कुछ लेना-देना नहीं है।

क्रांतिकारिता हमें बहुत फर्क के साथ बताती—"क्लासिकी नृत्य, संगीत, नाटक और साहित्य का सोवियत संघ में जितना प्रचार-प्रसार है, उतना और कहीं नहीं। बैले और ऑपेरा अपने शुद्धतम रूप में सोवियत संघ में ही देखे जा सकते हैं। इस बात को पूँजीवादी देशों में समीक्षक तक स्वीकार करते हैं।"

अगर हम शंका करते कि क्या क्लासिकी सामंती भी नहीं हैं? तो क्रांतिकारिता कहती कि क्लासिकी का मतलब श्रेष्ठ है, सामंती नहीं। सोवियत संघ ने यह साबित कर दिखाया है कि जनरुचि परिष्कृत होती है और जनसाधारण भी श्रेष्ठ संस्कृति के ग्राहक होते हैं।

क्रांतिकारिता के सामने लोकप्रियता का सवाल उठाना तो और भी बड़ा जोखिम मोल लेना साबित होता। अगर कोई उससे कह देता कि जनवादी होते हुए भी वह लोकप्रियता का विरोध कैसे कर सकती है? तो वह कहती, ''जिसे तुम लोकप्रिय संस्कृति समझ रहे हो, वह लोकमानस से नहीं, पूँजीवादी मंडी से उपजी है। तुम्हें मास कल्चर और फोक कल्चर में तमीज करनी चाहिए। लोक संस्कृति को सोवियत संघ में जितना बढ़ावा दिया जा रहा है, उतना दुनिया में और कहीं नहीं।'' हमें थोड़ी सी बौद्धिक परेशानी होती कि लोक संस्कृति को बढ़ावा दिया जा रहा है या किसी तरह जीवित रखा जा रहा है? और क्या यह लोक संस्कृति भी सामंती कृषि-व्यवस्था से नहीं जुड़ी हुई है? और अगर क्रांति ने उस व्यवस्था को समाप्त कर दिया तो इस संस्कृति को जीवित रखने में क्या तुक है?

जो हो, इप्टा के अनुयायियों के रूप में हम भी लोक संस्कृति को जीवित रखने के लिए प्रयत्नशील रहे। हमने अल्मोड़ा में उस दौर में शहरी और उच्च वर्गीय कम्युनिस्ट बुद्धिजीवियों के साथ हुड़का लेकर वे लोक गीत गाने शुरू किए, जो गाँववाले तब भी खुद गाना छोड़ रहे थे। यही नहीं, हमने अपनी आधुनिक कविता में लोकगीतों का रूप-रंग झलकाने की भी भरसक कोशिश की। मगर इस सबके बावजूद लोकप्रिय संस्कृति का सवाल हमें कचोटता ही रहा। कभी-कभार किसी वामपंथी का ऐसा लेख भी पढ़ने को मिल जाता, जिसमें मास कल्चर को ही जनवादी सिद्ध किया गया होता। सिनेमा से आकृष्ट मेरे जैसे लेखक इस तरह का लेख पढ़कर बहुत उत्साहित होते और उसे फौरन कॉफी हाउस में ले जाकर क्रांतिकारिता की सेवा में प्रस्तुत करते। मुझे इस तरह के एक लेख की अब भी याद है, जो पेंगुइन न्यू राइटिंग में छपा था और जिसमें अमेरिकी जैज संगीत को जनवादी और क्रांतिकारी ठहराया गया था। लेकिन क्रांतिकारिता ऐसी चीजों को 'डिविएशन' की मारी

हुई बुद्धि की देन ठहरा देती।

उसी दौर में जर्मनी से भागकर अमेरिका गए वामपंथी बुद्धिजीवियों ने अमेरिकी रेडियो और सिनेमा का अध्ययन करके यह सिद्ध किया कि मास कल्चर पूँजीवादी मंडी में सक्रिय शक्तियों की देन है और इसका एकमात्र उद्देश्य पूँजीवादी यथास्थिति को बनाए रखना है। पूँजीवाद का गढ़ होने के नाते अमेरिका ही इसका गढ़ है और अमेरिका मास कल्चर के जरिए सारी दुनिया पर अपनी चौधराहट कायम करना चाहता है। मास कल्चर का नाम उस दौर में ही 'कोकाकोला कल्चर' रखा गया और हमारी बिरादरी ने 'कोलोनाइजेशन' के वजन पर एक नया फिकरा चला दिया 'कोकाकोलोनाइजेशन'। आधुनिकता और क्रांतिकारिता दोनों ही हमें बताने लगीं कि कोकाकोलोनाइजेशन क्रांति विरोधी, व्यक्ति-स्वतंत्रता विरोधी और बुद्धि विरोधी जीवन-दर्शन की प्रतिष्ठा करता है। उसका माहौल बुद्धिजीवियों के लिए दमघोंटू साबित होता है। यही वजह है कि महायुद्धों के बीच के दौर में अमेरिकी साहित्यकारों और कलाकारों की एक पूरी पीढ़ी अपना देश छोड़कर आधुनिकता और क्रांतिकारिता के गढ़ फ्रांस में जा बसी थी।

जब हममें से कोई यह जिक्र छेड़ता कि फ्रांसीसी लेखक फ्लॉबेयर को यह आधुनिक और क्रांतिकारी फ्रांस दमघोंटू मालूम हुआ था, तब आधुनिकता कह देती कि फ्लॉबेयर आधुनिक लेखक है ही नहीं और क्रांतिकारिता सार्त्र के हवाले से कहती कि फ्लॉबेयर घटिया उपन्यासकार है। फ्लॉबेयर जितना ही ह्रासोन्मुखी ठहरा दिया जाता, इस्पहानी चिंतक ऑर्तेगा इ गास्से, जिसने आधुनिक प्रगतिशील यूरोप को दुर्गतिशील ठहरा दिया था। जिसका कहना था कि लोकतंत्र भीड़तंत्र का ही पर्याय है। उसके अनुसार, आधुनिकता और क्रांतिकारिता दोनों ही वैश्य संस्कृति को, व्यक्ति केंद्रित दृष्टि को बढ़ावा दे रही है और जीवन-दर्शन के केंद्र से खुद को हटाकर बनिये को बैठा रही है। इसके चलते संस्कृति में घटियापन का बोलबाला होना अनिवार्य है। उससे बचने का एक ही उपाय है कि विद्वानों की सामंतशाही स्थापित की जाए।

फ्लॉबेयर और गास्से ने अपने लोकतंत्र विरोधी होने की कहीं कोई

पर्दादारी नहीं की थी, लिहाजा आधुनिकता और क्रांतिकारिता लोकतंत्र के नाम पर हमें सावधान करती कि इन दोनों के विचारों से हम गुमराह न हों। खैर, तो इस तरह अपने साहित्यिक जीवन के आरंभ में ही मैं मास मीडिया को लेकर जबरदस्त दोचित्तेपन का शिकार हो गया। अपनी तमाम इंटलेक्चुअलता के बावजूद मेरे लिए यह मान सकना कठिन था कि जन-रंजन करना अपने में ही कोई घटिया काम हो सकता है और अगर आधुनिक एवं क्रांतिकारी होने के नाते मैं लोकप्रियता को घटियापन की निशानी मानने को मजबूर हूँ तो फिर गास्से की तरह लोकतंत्र को भी घटियापन का जनक मान लेने से मुझे क्यों रोका जा रहा है? अगर लोकतंत्र में मास मीडिया होगा और वह ग्राहक की पसंद पर चलेगा तो अनिवार्य रूप से 'लो ब्राउ' का उसमें बोलबाला नहीं होगा? आखिर जन-जन तो 'हाइ ब्राउ' हो नहीं सकते।

मैं मनोरंजन-विश्वासी था, इस नाते मास मीडिया का मुरीद और ग्राहक दोनों था। मैं फिल्में देखता था, फिल्मी गीत गुनगुनाया करता था, पत्र-पत्रिकाएँ बहुत उत्साह से पढ़ता था, रेडियो सुनता था और लोकप्रिय उपन्यास पढ़ता था। उस जमाने में टेलीविजन नहीं था, लेकिन अगर होता तो निश्चय ही मेरी शाम उसके आगे कटा करती। मेरे सामने सवाल पेश हुआ कि जिस चीज का मैं ग्राहक हूँ, उस चीज का उत्पादक होने में मुझे परहेज क्यों होना चाहिए? और लेखक तथाकथित हाइ ब्राउ और लो ब्राउ दोनों की तरह की चीजों का आनंद ले सकता है तो दोनों तरह की चीजें खुद लिख क्यों नहीं सकता? इस सिलसिले में मुझे ग्राहम ग्रीन का उदाहरण बहुत प्रेरणाप्रद मालूम होता, जो गंभीर उपन्यासों के बीच-बीच मनोरंजक उपन्यास भी लिख रहे थे। लेकिन इस बारे में भी साहित्यिक बिरादरी की मान्यता बहुत स्पष्ट थी कि अगर कोई गंभीर लेखक व्यावसायिक लेखन करेगा तो वह मास मीडिया को सुधार नहीं सकेगा। हाँ, मास-मीडिया उसके साहित्यकार को मार जरूर देगा। इसलिए हर गंभीर लेखक का कर्तव्य है कि अपनी प्रतिभा को श्रेष्ठ साहित्य के लिए सुरक्षित रखे और मास मीडिया के घटिया काम को घटिया लेखकों के लिए छोड़ दे। गोया उसे और-और घटिया बनता रहने दे।

मुझे यह सवाल भी परेशान करता था कि अगर मैं आधुनिक हूँ तो मुझे

आधुनिक युग के अभिव्यक्ति के माध्यमों से जुड़ने में परहेज क्यों करना चाहिए? अगर सारी आधुनिकता उद्योग-व्यापार से जुड़ी है तो हम संस्कृति के उद्योग-व्यापार पर ही नाक-भौं क्यों सिकोड़ें? लेकिन साहित्यिक बिरादरी को यह तर्क न तब स्वीकार था, न अब है। वह यह मानकर चलती है कि जिस चीज की पहुँच जितनी व्यापक होगी, वह उतनी ही घटिया होगी। इस तर्क के अनुसार पत्रकारिता साहित्य से घटिया है, सिनेमा पत्रकारिता से घटिया है और टेलीविजन सिनेमा से भी घटिया है। साहित्य में भी कविता सर्वश्रेष्ठ है, बशर्ते वह कवि सम्मेलनों में श्रोताओं को रिझाने के लिए न लिखी गई हो। आधुनिक कथा-साहित्य मशीन युग में लोकरंजन के माध्यम के रूप में ही उभरा था, इसलिए सदियों से चली आई कविता के मुकाबले में उसे कमतर ही माना जा सकता था। कवि कथाकारों से ऊँचे किस्म के प्राणी हुआ करते थे और सारे साहित्यिक आंदोलन कविता के ही इर्द-गिर्द घूमते थे। यही कारण है कि उस दौर में जहाँ एक ओर मेरे जैसे मूलतः कथाकार भूलतः नए कवि बनने की कोशिश करते रहे, वहाँ दूसरी ओर कथाकारों को भी अंततः अपने अलग आंदोलन गढ़ने पड़े।

इसे एक विडंबना ही कहा जाएगा कि अपनी दोनों प्रेरणाओं यानी आधुनिकता और क्रांतिकारिता से मिली मास-मीडिया विरोधी दीक्षा के बावजूद मुझे लिखना शुरू करने के तुरंत बाद 'पापी पेट की खातिर' मास मीडिया से जुड़ जाना पड़ा। आधुनिकता और क्रांतिकारिता के चक्कर में पढ़ाई-लिखाई की ओर पर्याप्त ध्यान न देने के कारण मैं अपनी पीढ़ी के बहुत से लेखकों की तरह डॉक्टर साहब कहलाने का और विश्वविद्यालय से वेतन पाने का हकदार नहीं बन सका। स्कूल-कॉलेज में पढ़ाना ही उस दौर में स्त्रियों और साहित्यकारों के लिए निरापद व्यवसाय समझा जाता था। स्त्रियों के प्रसंग से भले ही यह नजरिया थोड़ा बदला हो, साहित्यकारों के लिए अब भी मुदर्रिसी ही उत्तम व्यवसाय है।

तो रोजी-रोटी की खातिर मैं बहुत संकोच से क्रमशः पत्रकारिता, रेडियो, फिल्म और टेलीविजन से जुड़ा। संकोच से इसलिए कि आधुनिकता और क्रांतिकारिता दोनों ही पुरातनपंथियों से इस मामले में पूरी तरह सहमत थी कि

लक्ष्मी और सरस्वती में बुनियादी वैर है। मुझे और भाषाओं का तो पता नहीं, लेकिन हिंदी लेखकों की बिरादरी में ऐसा ही माना जाता रहा कि लेखक रेवोलूशनरी ही नहीं होता, ऋषि भी होता है और ऋषि किसी के आगे हाथ नहीं फैलाता। हमारी पीढ़ी ने अपनी लघु पत्रिकाओं में राज्याश्रय और सेठाश्रय के विरोध में बाकायदा आंदोलन चलाया था। अफसोस कि तब भारत भवन नहीं बना था, इसलिए न्यासाश्रय जैसी कोई निरापद चीज नहीं थी। यों न्यासाश्रय को भी प्रच्छन्न राजाश्रय और सेठाश्रय ठहराया जा सकता है। तरुण क्रांतिकारी लेखक ठहरा भी रहे हैं।

प्रसंगवश, जिस समय मैं मास मीडिया से जुड़ा था, साहित्यिक बिरादरी के लिए सबसे घटिया सिनेमा, उससे कुछ कम घटिया रेडियो और उससे कम घटिया ऐसी पत्रकारिता थी, जो साहित्य को या अपनी राजनीतिक विचारधारा को समर्पित हो। लेकिन लोकप्रिय पत्रकारिता सिनेमा जितनी ही घटिया मानी जाती थी और उसमें काम करना तो दूर, उसके लिए कुछ लिख देना एक सेठाश्रय लेने का नमूना ठहराया जाता था। जब डॉक्टर केसकर की कृपा से साहित्यकार आकाशवाणी में सलाहकारों के पद पर नियुक्त किए गए तो रेडियो पहले जितना अछूत नहीं रह गया। इसी तरह बाद में लोकप्रिय पत्रकारिता भी पहले जितनी घृणित नहीं रही। खासकर तब जब सेठ व्यावसायिक मिर्च-मसाले के बीच आपको यहाँ-वहाँ थोड़ा साहित्य परोसने की और अपनी आंदोलनबाजी करने की छूट दे रहा हो। सेठाश्रय-विरोधी मुहिम छेड़नेवाले डॉक्टर भारती का स्वयं एक लोकप्रिय पत्रिका 'धर्मयुग' का संपादक बन जाना अंततः हिंदी भाषी इंटेलेक्चुअलों के लिए लोकप्रिय पत्रकारिता को अछूत से सवर्ण की श्रेणी में ले आया। साप्ताहिकों में ही नहीं, दैनिकों में भी हिंदी के नए कवि अखबारी गद्य में कूजने लगे। इसी तरह सिनेमा के क्षेत्र में समांतर अथवा कलात्मक सिनेमा का मोरचा खुल जाने से हिंदी लेखक बिरादरी के लिए यह माध्यम भी उतना अस्पृश्य नहीं रहा। इस समय घटियापन का अन्यतम प्रतीक है टेलीविजन, और दुर्भाग्य से मैं उसी से जुड़ा हुआ हूँ।

टेलीविजन और तमाम बातों के अलावा इसलिए भी घटिया माना गया है कि उसकी पहुँच व्यापकतम है, गोया उसमें ऐसी ही चीज चल सकती है,

जो बहुसंख्य लोगों को पसंद आ सकती हो। इससे कलावादी आधुनिकता को आपत्ति हो, यह बात तो मेरी समझ में आती है, लेकिन जनवादी क्रांतिकारिता को भी हो, यह मेरी समझ से परे था और है। जनवादी लेखक मास मीडिया से जुड़कर अपनी बात जन-जन तक क्यों न पहुँचाए? मैंने कॉफी हाउस में क्रांतिकारिता का ध्यान इस ओर दिलाने की कोशिश की कि स्वयं कोकाकोला कल्चर के गढ़ अमेरिका में वामपंथी लेखक बड़ी संख्या में मास मीडिया से जुड़े हैं। उनकी उपस्थिति से ही अमेरिकी पत्रकारिता और लोकप्रिय सिनेमा का तेवर काफी हद तक सत्ता प्रतिष्ठान विरोधी रह सका है। क्रांतिकारिता का कहना था कि मास मीडिया पूँजीवादियों के हाथ में है, इसलिए कुछ वामपंथी लेखकों के उससे जुड़ जाने के बावजूद अमेरिका में न कोई क्रांति हुई है, न हो सकेगी। उस दौर में हमें यह नहीं पता था कि क्रांतिकारिता के बावजूद सोवियत संघ में भी कोई क्रांति नहीं हुई।

प्रसंगवश, भारत में भी उसी दौर में उर्दू के अनेक प्रगतिशील कवि और लेखक रेडियो-सिनेमा से जुड़ रहे थे। इसके चलते बंबइया निर्माताओं को अमीर बनानेवाली ज्यादातर फिल्में कुछ भोंड़े ढंग से ही सही, गरीब के पक्ष में अमीरों के विरोध में आवाजें उठाती रहीं। उर्दू के तरक्कीपसंद शोअरा की नज्में और गजलें फिल्मी धुनों में बँधकर अवाम तक पहुँच सकीं। लेकिन इसे हमारी इंटेलेक्चुअल बिरादरी ने उर्दूवालों के शिल्पी अधिक और बुद्धिजीवी कम होने का प्रमाण माना। हमारी बिरादरी को यह तर्क स्वीकार नहीं हुआ कि लेखक बुद्धिजीवी होने के साथ-साथ शिल्पी भी है और उसे अपने शिल्प का जनसाधारण के ज्ञानवर्धन और मनोरंजन के लिए उपयोग करने में कोई संकोच नहीं होना चाहिए। शिल्प या भाषा की बात करना ही इंटेलेक्चुअलता की कमी का प्रमाण हमारी बिरादरी में माना जाता रहा है। एक गोष्ठी में जब मैंने शिल्प और भाषा की बात उठाई, तब एक जनवादी युवक लेखक ने मुझे याद दिलाया कि शिल्प तो मोची को भी आता है और लच्छेदार बातों से रिझाना तो रंडी भी जानती है। विचारणीय है कि शिल्प को घटिया ठहरानेवाला यह तेवर कहीं 'मनुवादी' तो नहीं है? क्या इसी मनुवाद के चलते हिंदी में नाटकों का अभाव हुआ है? कथा साहित्य में कहानीकारों की भरमार है और

उपन्यासकार बहुत कम नजर आते हैं? कवियों की आबादी निर्बाध बढ़ रही है और उनकी महत्त्वाकांक्षा बौने पेड़ की फुनगी पर बैठी एक अदद छोटी सी चिड़िया तक पहुँच जाने की कोशिश में ही इतनी पस्त होती जा रही है कि पड़े-पड़े शास्त्रीय संगीत सुनने और आधुनिक कलाकारों के चित्र देखकर ही संतोष कर ले रही है।

आज भी हिंदी साहित्यकारों की बिरादरी में आधुनिकता और क्रांतिकारिता दोनों उसी तरह की बातें कर रही हैं, जिस तरह की मैंने अपना साहित्यिक होश सँभालते समय लखनऊ कॉफी हाउस में सुनी थीं। हाल में कुछ तरुण लेखकों ने मुझे देर रात तक यह समझाने के लिए जगाए रखा कि घटिया मास मीडिया से जुड़े होने के कारण ही आप घटिया उपन्यासकार साबित हुए हैं। हिंदी साहित्यकार बिरादरी का समय मानो सन् '50 के आस-पास थम गया है। उसमें बैठनेवाले को इस बात का कोई आभास ही नहीं होता कि इस दौरान आधुनिकता और क्रांतिकारिता दोनों के ही गढ़ ढह गए हैं।

क्रांतिकारिता के आराध्य देश सोवियत संघ में गोया क्रांति-विरोधी क्रांति हो गई है और ऐसा कहा जा रहा है कि इसे लाने में उसी कोकाकोला कल्चर का बहुत बड़ा हाथ है, जिसे कभी क्रांतिकारिता कोसा करती थी। कुछ वर्ष पहले न्यूयॉर्क के एक सेमिनार में कुछ अमेरिकी बुद्धिजीवियों ने यह स्थापना की कि अमेरिकी मास कल्चर उदारता, समानता और लोकतंत्र के सिद्धांतों से बुनियादी तौर पर जुड़ा हुआ है। यही वजह है कि सोवियत संघ में कम्युनिस्ट तानाशाही का जो गढ़ ठंडी लड़ाई के योद्धा नहीं ढहा सके, उसे अमेरिकी मास कल्चर ने टेलीविजन की तरंगों पर सवार होकर देखते-ही-देखते मिट्टी में मिला दिया। ग्लास्नॉस्त के दौर में जब मैं सोवियत संघ गया, तब मुझे यह देखकर आश्चर्य हुआ कि वहाँ कोकाकोला कल्चर अपना लेने को ही खुलापन आ जाने का अकाट्य प्रमाण माना जा रहा है। सोवियत संघ को नाज है कि उसकी युवा पीढ़ी भी एक पंक वेशभूषा धारण करने लगी है, जंक फूड खाने लगी है, कोला पीने-पिलाने लगी है और पॉप संगीत गाने-बजाने लगी है। जो कुछ ही दशकों पहले तक पूँजीवादी संस्कृति की सड़ाँध मानी जाती थी, वही खुलेपन और ताजगी की बयार बताई जा रही है।

क्रांतिकारिता ने लोकप्रियता के आगे हथियार डाल दिए हैं।

कुछ ऐसी ही उलट-फेर इस बीच आधुनिकता के खेमे में भी हो चली है। आधुनिकता के अलग और अनूठे होने के दावे के आगे सवालिया निशान लगाते हुए उत्तर-आधुनिकता नामक एक नई हसीना ने रूढ़िवाद का विरोध करनेवाली आधुनिकता को स्वयं एक रूढ़ि ठहरा दिया है। वह हाइ ब्राउ और लो ब्राउ को गड्ड-मड्ड करने में बड़ा आनंद ले रही है। उसे आधुनिक लेखक को अपने औरों से कुछ ऊपर और अलग माननेवाले तेवर मंजूर नहीं हैं। प्रॉटेस्टेंट परंपरा से उपजी यूरोपीय आधुनिकता और क्रांतिकारिता दोनों ही केंद्रीय सत्ता को उत्तर-आधुनिकता ने चुनौती दे डाली है और परिधि में उपेक्षित पड़ी हुई गैर-यूरोपीय परंपराओं को केंद्र में लाने का क्रम शुरू कर दिया है। वामपंथी बिरादरी बड़े पैमाने पर उत्तर-आधुनिकता से जुड़ गई है और अब उसकी इंटेलेक्चुअलता ने मार्क्सवादी की जगह उत्तर-आधुनिक मुहावरा अपना लिया है।

उत्तर-आधुनिकता ने एक ओर साहित्य को पौराणिक और लोक कथाओंवाला तेवर देना शुरू किया है तो दूसरी ओर यह जताने की कोशिश की है कि मास कल्चर आधुनिक नागर समाज की लोक संस्कृति ही है। उत्तर-आधुनिकता मनमोहन देसाई की फिल्म कहानियों को भारत की वाचिक परंपरा से जोड़ सकती है। या बंबइया फिल्मों का संस्कृत नाटकों से तादात्म्य बैठा सकती है। वह यहाँ तक कह सकती है कि जिसे आज प्राचीन युगों का श्रेष्ठ साहित्य ठहराया जा रहा है, वह स्वयं अपने युग के मास कल्चर का एक अंश था। इस सिलसिले में इतालवी विद्वान् उम्बर्तो इको ने तो यहाँ तक लिख दिया है कि यूनानी त्रासदियाँ और शेक्सपीयर के नाटक अपने-अपने युग के सोप ऑपेरा थे। आम जनता उन्हें उसी चाव और लगाव से देखती थी, जैसे वह आज टेलीविजन धारावाहिकों को देखती है और कोई अचरज नहीं, जो आज के सोप ऑपेरा कभी आगे चलकर विद्वानों द्वारा गंभीर अध्ययन के विषय मान लिये जाएँ।

हम इस आत्यंतिक स्थापना से भले ही सहमत न हों, उत्तर-आधुनिकता की यह बात मानने के लिए मजबूर होना पड़ता है कि आधुनिकता के दौर से

पहले संस्कृति को लोकप्रिय और श्रेष्ठ दो बिलकुल अलग-अलग हिस्सों में भी कभी नहीं बाँटा गया था। यह भी कभी नहीं कहा गया था कि बौद्धिक लोगों का रचा हुआ साहित्य तमाम पुराने साहित्य से और जनता की समझ में आनेवाले साहित्य से अलग और अनूठा होता है। आधुनिकता की मुसीबतें बढ़ाते हुए स्वयं मास कल्चर ने उसका अनूठापन, उसका प्रयोगवादी तेवर अपना लिया है। आज हालत यह है कि विज्ञापन और एम टीवी जैसे युवाओं के बीच लोकप्रिय कार्यक्रम प्रयोगधर्मिता के मामले में आधुनिक साहित्य से बीस ही हैं, उन्नीस नहीं।

मुसीबत-दर-मुसीबत यह है कि इस दौरान मास मीडिया ने हाथी दाँत की मीनारों में रहनेवाले आधुनिकता के अनुयायियों को मास मीडिया में नजर आनेवाले सेलेब्रिटीज बन जाने के लिए मजबूर कर दिया है। मास मीडिया से विज्ञापित होना उसके लिए आवश्यक बन चला है। अब कोई भी बुद्धिजीवी अपनी एकांत साधना से उतनी प्रसिद्धि नहीं पाता, जितनी कि अपना चेहरा मास मीडिया की चकाचौंध में बनाए रखने से। बकौल शख़्से 'सेलेब्रिटिज आर फेमस फॉर बीइंग फेमस', यानी आज की दुनिया में जाने-माने लोग जाने-माने जाने के लिए ही जाने-माने जाते हैं। मकबूल फिदा हुसैन भारत के सबसे जाने-माने कलाकार बन पाते हैं, क्योंकि और तमाम बातों के साथ-साथ वह कभी नंगे पाँव रहने के कारण तो कभी सफल फिल्म 'हम आपके हैं कौन' की सफल नायिका माधुरी दीक्षित के चित्र आँकने के कारण चर्चा में रह पाते हैं। खुशवंत सिंह इसलिए सबसे ज्यादा जाने-माने पत्रकार हो जाते हैं कि वह अपने स्तंभ में चौंकानेवाली बात कहने का कोई मौका नहीं चूकते।

मास कल्चर और मंडी का आधुनिकता और उपभोक्ता संस्कृति का बड़ा गहरा संबंध है। इस दौर में जिस तरह हम लोग के सहारे 'मैगीनूडल्स' बिकते हैं, उसी तरह 'मैगीनूडल्स' के सहारे हम लोग चलते हैं। ऐसे ही आज विदेशों में कई लोकप्रिय टॉक शो हाइ ब्राउ सेलेब्रिटीज उनमें चेहरा दिखाते रहने के कारण ही चल पाते हैं। तो क्या आश्चर्य जो साहित्य, कला और वाणिज्य के मास मीडिया नामक इस संगम पर बौद्धिक साधु-संतों का अच्छा जमावड़ा होने लगा है। प्रकाशक-लेखक कोशिश कर-कर के लोकप्रिय पत्रकारिता के

पृष्ठों पर और टेलीविजन के परदे पर जगह दिलवा रहे हैं। उसे किसी भी तरह खबरों में ला रहे हैं। इस तरह गंभीर साहित्य भी बेस्ट सेलर लोकप्रिय साहित्य की टक्कर में आ पा रहा है।

जब एक मर्तबा न्यूयॉर्क टाइम्स की बेस्ट सेलर की लिस्ट में कथा साहित्य में सलमान रुश्दी की 'सैटनिक वर्सेज' और गैर-कथा साहित्य में स्टीफेन हॉकिन्स की 'अ ब्रीफ हिस्ट्री ऑफ टाइम' जैसी दुरूह पुस्तकें सर्वोच्च स्थान पा गईं, तब अमेरिका में सर्वेक्षण करके पता चला कि इन्हें खरीदनेवालों में से एक प्रतिशत से भी कम ने इन्हें पूरा पढ़ा है। चार प्रतिशत ने थोड़ा सा पढ़कर अलग रख दिया, बाकी 95 प्रतिशत ने पढ़ने के लिए लिया ही नहीं है। सजाने के लिए अथवा किसी को भेंट में देने के लिए खरीदा है और इसलिए खरीदा है कि इनके लेखक मास मीडिया में चर्चा के विषय रहे थे। रुश्दी इसलिए कि कट्टरपंथी मुसलमानों ने उन्हें मारने के लिए फतवा दिया, और हॉकिन्स इसलिए कि वे जवानी में कदम रखते ही ऐसी बीमारी के शिकार हो गए कि उनके अंगों को लकवा मारता चला गया और अब वह बोल भी मशीनों की मदद से पाते हैं।

लेखक और उसकी कृति को खबर बनाने की सबसे मजेदार घटना थी मूलतः कवि विक्रम सेठ को, जिनका पहला उपन्यास भी पद्य में ही था, दूसरे उपन्यास 'सूटेबल बॉय' के लिए एक कल्पनातीत रकम पेशगी में दे दिया जाना। इसकी वजह से यह उपन्यास प्रकाशन से पूर्व ही मास मीडिया की मेहरबानी से विश्वव्यापी ख्याति पा गया और निहायत ही भारी-भरकम तथा किसी हद तक उबाऊ होने के बावजूद शीर्षस्थ बेस्ट सेलर बन सका एवं प्रकाशक को भारी मुनाफा दिला गया।

विचारधारा की समाप्ति और अर्थ के वर्चस्व की बात आज तो सर्वत्र की जा रही है, लेकिन बरसों पहले पी.इ.एन. के पेरिस सम्मेलन में अध्यक्ष पद से बोलते हुए ऑर्थर मिलर इस ओर ध्यान दिला चुके थे कि पूँजीवादी व्यवस्था में कलाकारों और साहित्यकारों के विप्लवी-विद्रोही तेवर महज एक शगल का दरजा रखते हैं सत्ता-प्रतिष्ठान के लिए। सत्ता-प्रतिष्ठान बगावत करनेवाले लेखकों को सजा नहीं, इनाम देता है। उन्होंने कहा था कि यह वह

दौर है, जिसमें समाज की तमाम मान्यताओं की ऐसी–तैसी फेरनेवाला, तमाम तरह के छिटपुट अपराधों के लिए कैद किया गया ज्याँ जेने एक प्रतिष्ठित लेखक सार्त्र द्वारा खोजा जाता है और फिर मीडिया इस अजूबे को जमूरा बनाकर दुनिया के सामने पेश करता है कि तालियाँ बजाओ और इस पर पैसा बरसाओ। अगर मिलर की बात आगे बढ़ाएँ तो कहा जा सकता है कि मास मीडिया क्रांतिकारियों को इस आशय से आमंत्रित करता है कि वे कोई क्रांतिकारी बात कहकर लोगों को चौकाएँगे। "इस विश्वास से बुलाया जाता है कि उनकी क्रांतिकारी बात कहने से कोई क्रांति हो नहीं सकती। आर्थर मिलर जिस बदलते माहौल की ओर इशारा कर रहे थे, उसमें सजावटी कला का विरोध करनेवाले आधुनिक क्रांतिकारी कलाकारों की कृतियाँ अमीरों के घरों–दफ्तरों की सजावट के लिए मुँह माँगे दामों पर बेची और खरीदी जाती हैं। आधुनिक और क्रांतिकारी कलाकार मंडी में अपना 'भाव बनाने के लिए मास मीडिया से अपना प्रचार करवाते हैं'।"

मेरे कहने का मतलब यह हरगिज न लगाया जाए कि मैं मास कल्चर का पक्षधर हूँ या कि मैं मास मीडिया को साहित्यकार के लिए स्वर्ग मानता हूँ। सच तो यह है कि साहित्यकार के लिए मास मीडिया अकसर नर्क ही साबित होता है। जब तक पूँजी खुद उनकी ही न हो या कि उसे पूरी रचनात्मक स्वतंत्रता न दी गई हो, तब तक उसे अपने मन के मुताबिक नहीं बल्कि दूसरों के कहे के मुताबिक लिखना पड़ता है, भले ही मास मीडिया में सरस्वती के साधक की भूमिका केंद्रीय होती है तो भी लक्ष्मी के साधक उसे सबसे नीचे आसन पर बैठाते हैं। सफलता का श्रेय उसे कभी नहीं मिलता। हाँ, विफलता का श्रेय अनिवार्य रूप से उसे ही दिया जाता है। अगर वह स्वयं निर्माता या पत्र–पत्रिका का मालिक बन जाए तो भी उसे मंडी के तकाजों को स्वीकार करना पड़ता है—बाजार क्या चाहता है, यह बताने का ठेका बाजार के तथाकथित जानकारों ने ले रखा है? पूँजी निवेश और विक्रय के विशेषज्ञ होते हैं, जो पुस्तक और पापड़, टेलीविजन धारावाहिक और टूथपेस्ट, अखबार और अचार, फिल्म और फ्रूट जूस सभी को बेचनेवाली मानते हैं। आजकल भारत के एक प्रतिष्ठित समाचार–पत्र समूह में अपनी पत्र–

पत्रिकाओं को विभिन्न 'ब्रांड' मानने और पुकारने का रिवाज चल पड़ा है।

जिस हद तक मास मीडिया व्यवसाय ही नहीं, कला भी है, उस हद तक 'ब्रांड' की सफलता का आश्वासन देनेवाला कोई फॉर्मूला न निकल सकता है, न निकाला जा सकता है। अगर निकाला जा सकता होता तो ये जानकार एक के बाद एक हिट प्रोग्राम या फिल्में देते चले जाते। तो भी उन्होंने कुछ मान्यताएँ बना रखी हैं, जिन्हें वे लेखकों पर लादते हैं। उदाहरण के लिए उनकी मान्यता है कि सेक्स और हिंसा वाले कथानक अधिक सफल होते हैं, क्योंकि सेक्स और हिंसा सार्वभौम हैं। हर देशकाल में बिक सकती हैं, चल सकती हैं। इसी तरह उनकी मान्यता है कि कथानक में ऐसा कुछ भी नहीं होना चाहिए, जो क्षेत्र विशेष की भाषा-संस्कृति में बहुत ज्यादा रचा-बसा हो। क्योंकि उस दशा में फिल्म या टेलीविजन कार्यक्रम क्षेत्र विशेष से बाहर बिलकुल पिट जाएगा। आजकल हमारे यहाँ टेलीविजन कार्यक्रमों का चुनाव करने में विज्ञापन एजेंसियों की बहुत बड़ी भूमिका है। इन एजेंसियों में काम करनेवाले ज्यादातर लोग पूरी तरह शहरी ही नहीं, पश्चिम रंग में भी रँगे हुए हैं। कोजागरी पूर्णिमा पर खीर खाए जाने का प्रसंग आने पर वे सिर खुजाते हुए पूछते हैं, ''वाट्स दैट मिस्टर जोशी'', फिर जवाब को ऐसी दिलचस्पी से सुनते हैं, मानो किसी अज्ञात कबीले की अद्भुत रस्म के बारे में सुन रहे हों। फिर शंका करते हैं कि इस तरह की चीज सारी दुनिया में क्या, सारे देश में ही नहीं समझी जाएगी। शंका करते हैं और कटवा देते हैं।

इन विशेषज्ञों की यह मान्यता है कि अमीर ग्राहक तक पहुँचना जरूरी है और अमीर ग्राहक स्वयं उनकी तरह पूरी तरह पश्चिमी रंग में रँगा हुआ है। उनका बार-बार आग्रह होता है कि 'प्रॉडक्ट' को 'अपमार्केट', गोया पश्चिमी रंग में रँगे हुए अमीर भारतीयों को पसंद आ सकने लायक बनाया जाए। कथानक अमीरों के बारे में हो और वे सब के सब अंग्रेजीदां अमीर हों। हर सोप ऑपेरा में हर दृश्य किसी पात्र को किसी अन्य पात्र द्वारा थप्पड़ रसीद कर दिए जाने और 'बास्टर्ड' या 'बिच' का खिताब अता फरमाए जाने के साथ खत्म किया जाए। ये विशेषज्ञ बार-बार दावा करते हैं कि पिछले दशक में दर्शक की रुचि में जबरदस्त परिवर्तन आ चुका है। अब वह हम लोग नहीं सेंटा बार्बरा चाहता

है। यह बात अपनी जगह पर किसी हद तक सही हो भी सकती है, किंतु जैसा मास मीडिया का अध्ययन करनेवाले समाजशास्त्रियों ने बताया है कि बदलते समाज का मास मीडिया पर जितना असर होता है उससे ज्यादा असर समाज को बदलने में मास मीडिया का होता है और मास मीडिया 'अपमार्केट' होने की कोशिश में हमेशा उन परिवर्तनों को अपनाता है जो समाज के मुट्ठीभर अत्यंत अमीर, आधुनिक, निर्बंध लोगों की बिरादरी में उसे होते नजर आते हैं। गोया अगर भारत में चंद अमीर शहरी लोग देसी अभिवादन भूल कर 'हाय-बाय' कहना शुरू कर देते हैं तो मास मीडिया यह मान लेता है कि समाज के सभी वर्गों में ऐसा ही होता है और अगर नहीं होता है तो होना चाहिए। फिर देखते-देखते मास मीडिया के प्रभाव में समाज के अन्य वर्ग भी अमीर और आधुनिक, शहरी समझे जाने के लालच में 'हाय-बाय' करने लगते हैं। अमेरिका के एक समाजशास्त्री ने कुछ वर्ष पहले इस ओर ध्यान दिलाया था कि जहाँ मतगणना के आँकड़ों के अनुसार अमेरिका में अविवाहित माताओं का अनुपात 20 प्रतिशत है, वहाँ अमेरिकी सोप ऑपेराओं में यह प्रतिशत 90 हो चला है।

इसमें भी कोई संदेह नहीं कि मंडी के इशारों पर नाचनेवाला मास मीडिया ज्यादातर कचरा ही परोसता है। इस संबंध में अमेरिकी लेखक-दिग्दर्शक-हास्य अभिनेता वुडी ऐलेन की यह उक्ति उद्धृत की जाती है कि हॉलीवुड के साफ-सुथरा होने का राज यह है कि वहाँ फिल्म और टेलीविजन निर्माता सारे कूड़े-कचरे को अपनी कृतियों में बदल देते हैं। कोकाकोला कल्चर के दुष्प्रभाव के बारे में जितनी चिंता भारत जैसे देशों के बुद्धिजीवी व्यक्त कर रहे हैं, उतनी ही बल्कि उसे भी ज्यादा चिंता स्वयं अमेरिकी बुद्धिजीवी व्यक्त कर चुके हैं, किंतु उनकी चिंताओं के बावजूद यह संस्कृति अमेरिका में ही नहीं, उन देशों तक भी हावी होती जा रही है, जहाँ प्रशासनिक और राजनीतिक स्तर पर बाकायदा इसका विरोध किया गया है। जैसा कि फ्रांस के एक बुद्धिजीवी ने झल्लाकर कहा था, खुद फ्रांसीसी टेलीविजन अमेरिकी टेलीविजन जैसे कार्यक्रम बनाना चाहता है और कचरा कार्यक्रम बनाने के मामले में अमेरिकी हमसे कहीं बेहतर हैं। आखिर दूसरे देशों के लोग भी अमेरिकी कार्यक्रम या उनकी नकल पर बने कार्यक्रम क्यों देखना चाहते हैं? अमेरिकी

धारावाहिक डैलेस के अपने देश में लोकप्रिय होने पर जब डेनमार्क के बुद्धिजीवियों ने हो-हल्ला मचाया तब एक अमेरिकी टिप्पणीकार ने कहा कि हम लोगों ने आपके दर्शकों के सिर पर पिस्तौल तान रखी है कि डैलेस देखें!

कोकाकोला कल्चर के अमेरिकी पक्षधरों का कहना है कि अमेरिका आज सारे विश्व के लिए लोकतंत्र, समानता, आशावादिता और भरपूर उपभोग का प्रतीक बन चुका है। दूसरे विश्वयुद्ध के बाद संस्कृति के क्षेत्र में यूरोप की केंद्रीय सत्ता नहीं रही है और अब अमेरिका का ही वर्चस्व है। साम्यवादी सोवियत संघ के विघटन के बाद मुक्त मंडी, मुक्त व्यक्ति और उन्मुक्त उपभोग की पैरवी करनेवाले अमेरिकी पूँजीवाद का सारी दुनिया में डंका बजने लगा है। अमेरिकी मास कल्चर की विश्वव्यापी स्वीकृति बताती है कि सारे विश्व में युवा पीढ़ी ने आधुनिक अमेरिकी जीवन-दर्शन शिरोधार्य कर लिया है। अमेरिकी मास कल्चर जवानी के जोश और जवानी की उम्मीदों का कल्चर है। अमेरिकी मास मीडिया के कार्यक्रम सारी दुनिया में इसलिए देखे और सराहे जा रहे हैं कि जिस तरह स्विट्जरलैंड वाले सबसे अच्छी घड़ियाँ बनाते हैं उसी तरह अमेरिकावाले सबसे अच्छा युवास्वप्न बनाते हैं।

अमेरिकी मास कल्चर के पक्षधरों का कहना है कि वह इसलिए विश्वव्यापी हो सका है कि अमेरिका में सारे विश्व का, अमेरिकी, एशियाई, अफ्रीकी और यूरोपीय मूल के लोगों का संगम हुआ है। वे इस ओर ध्यान दिलाते हैं कि अमेरिकी लोकप्रिय संगीत अलग-अलग उपमहाद्वीपों के संगीतों को अपने में समाए हुए है। इन लोगों के अनुसार कोकाकोला कल्चर सार्वभौम युवा कल्चर है। उसे आज भी दुनिया के युवाओं की लोक-संस्कृति का दरजा दिया जा सकता है और उसकी फिल्मों तथा टेलीविजन धारावाहिकों को मिथक पुराण का। इस तरह के दावे हद-से-हद आंशिक रूप से ही सत्य माने जा सकते हैं। लोक-संस्कृति और मिथक-पुराण लोक-मानस से सहज ही उत्पन्न होते हैं और स्थायी होते हैं। मास कल्चर लोक से ऊपर और अलग बैठी मनोरंजन उद्योग की सत्ता द्वारा जनरुचि के बारे में अपनी अटकलों के आधार पर निर्मित एवं प्रसारित किया जाता है। उसे फैशन की तरह चलाया जाता है और फैशन की तरह ही वह आया-गया हो जाता है। इसी तरह जहाँ

इसमें कोई संदेह नहीं कि जन-जन तक पहुँच रखनेवाला और ताजा विचार तथा समाचार पहुँचानेवाला मास मीडिया लोकतंत्र का प्रतीक है। वहाँ मास मीडिया का संचालन करनेवाली मंडी अर्थव्यवस्था की यह स्थापना भ्रामक है कि 'पब्लिक इंट्रेस्ट इज पब्लिक इंट्रेस्ट', गोया जनरुचि ही जनहित को परिभाषित करती है। जो लोगों को पसंद आता है, वह लोगों के लिए अच्छा होता है। जैसा कि अमेरिकी टिप्पणीकार ने यह कहा था—जनता की रुचि तो नशीले पदार्थ खाने में हो सकती है, लेकिन नशीले पदार्थों का चलन जनहितकारी तो नहीं कहा जा सकता।

जब बात यहाँ पहुँचती है तब मर्यादा और संस्कृति के घनिष्ठ संबंध की बात उठती है। समाजशास्त्री कहते हैं बिना वर्जना और निषेध के कोई संस्कृति नहीं हो सकती। उनकी बातें सुनकर दिमाग में इस तरह के फिकरे उठते हैं कि संस्कृति की सीता वर्जनाओं की लक्ष्मण रेखा के मध्य ही शोभायमान होती है। जाहिर है कि इस तरह के फिकरों से रूढ़िवाद की गंध आती है और सारी आधुनिकता रूढ़िवादी-विरोधी रही है। जो लोग कोकाकोला कल्चर को विश्वव्यापी युवा कल्चर कहते हैं, वे इस अर्थ में सही हैं कि यह कल्चर युवा मन की सारे सामाजिक बंधन तोड़ने, परंपरा के पिंजड़े से उड़ निकलने और अपना जीवन अपने ढंग से जीने की ललक की अभिव्यक्ति करता है। यह पहली संस्कृति है, जो युवाओं को समर्पित है, किसी भी प्रकार का अनुशासन स्वीकार नहीं करती और पुराने संस्कारों को तिलांजलि देने में विश्वास रखती है। अफसोस कि यही आधुनिक जीवन-दृष्टि का सार भी है। अनुशासन या संस्कार की बात करते ही इनसान पोंगापंथी नजर आने लगता है। लोकतंत्र और निर्बंध मंडी अब पर्यायवाची बन चले हैं और निर्बंध मंडी में संस्कृति पर माँग और खपत के अलावा और कोई प्रतिबंध लगाने नहीं दिया जा सकता है। यों भी सेंसर की बात करना व्यक्ति स्वातंत्र्य के उस आग्रह के खिलाफ पड़ता है, जो आधुनिक जीवन-दृष्टि का आधार है।

तो मास मीडिया और ग्लोबल इकोनॉमी की मेहरबानी से सारा विश्व एक बड़ा सा बाजार बनता जा रहा है और उसमें पुराने, जिन्हें सामंती भी कह सकते हैं, मानकों के अनुसार बाजारू संस्कृति पनप रही है। भारत जैसे देशों

में जो कोलोनाइजेशन के दौर में पहले ही सांस्कृतिक हीन-भावना से ग्रस्त हो चुके थे, कोकाकोलोनाइजेशन के इस दौर में दुहरी हीन-भावना पनप रही है और उनका मास मीडिया बाजारू भी अपने ढंग से नहीं हो पा रहा है। ध···ध···ध···ध···धड़ेल्ले से अमेरिकी हुआ जा रहा है। साहित्य और वाणिज्य के, कला और वाणिज्य के इस तालमेल से मैं भी उतना ही दुःखी हूँ जितना कि मेरे वे बंधु, जो मास मीडिया से अपना दामन बचाकर रख सके हैं। लेकिन अगर वाणिज्य सर्वव्यापी है तो लेखक अपनी गुजर-बसर के लिए क्या करे? क्या वह सरकार से या सेठों से कहे कि सामंतों की तरह आप भी अपने दरबार में साहित्यकार, संगीतकार, कलाकार वगैरह पालें? न्यास बना दें, जो उनकी गुजर-बसर का बढ़िया प्रबंध कर दें? क्या इन न्यासों के सांस्कृतिक सामंतों की गुलामी किसी रचनाकार के लिए मंडी की गुलामी से बेहतर हो सकती है? या कि पीठों की स्थापना करवा के समस्त रचनाकारों के लिए निरापद व्यवसाय अध्यापन की व्यवस्था करवा ली जाए? संस्कृति को अकादमियों और विश्वविद्यालयों तक सीमित करा दिया जाए?

मास मीडिया के घटियापन पर नाक-भौं सिकोड़नेवाली हाइ ब्राउ बिरादरी क्या यह चाहती है कि जनता-छाप मास मीडिया उसकी इंटेलेक्चुअल-छाप कृतियों का प्रसारण करे? टेलीविजन में फिल्मी गीतों की जगह नई कविता का प्रसारण होता रहे? क्या इस मान में इसे विरोधाभास नजर नहीं आता? या कि इस बिरादरी का यह कहना है कि लोकप्रिय माध्यम से लोकप्रिय कार्यक्रम तो हों, लेकिन बेहतर ढंग के? लोकतंत्र के झंडाबरदार की हैसियत से मास मीडिया जन-जन का जो मनोरंजन करे, वह स्वस्थ श्रेणी का हो? और इस मनोरंजन के साथ-साथ वह ज्ञानवर्द्धन शिक्षण-प्रशिक्षण का दायित्व भी सँभाले। अगर ऐसा है तो अनिवार्य हो जाता है कि वे स्वयं मास मीडिया से जुड़ें और मंडी के तमाम दबावों के बीच भी बेहतर कार्यक्रम बनाएँ और उन्हें लोकप्रिय कर दिखाएँ।

अगर यह बिरादरी मानती है कि संस्कृति को मंडी के भरोसे नहीं छोड़ा जा सकता तो क्या वह मास मीडिया के सरकारी बना दिए जाने के पक्ष में है या कि वह संस्कृति की सीता को बाजार-व्यवस्था के रावण द्वारा हरण कर

लिया जाना रोकने के लिए लक्ष्मण रेखाएँ खींचनेवाली सेंसर-व्यवस्था के पक्ष में है? क्या वह सेंसर-व्यवस्था को लोकतंत्र के विरुद्ध नहीं मानती? लक्ष्मण रेखाओं का निर्धारण वह किस पर सौंपना चाहती है? विवेकहीन दफ्तरशाही पर? मत-मतांतरों से ग्रस्त राजनीति पर कि आज लालकृष्ण आडवाणी का सेंसर चल रहा है तो कल कांशीराम का? आज नरसिम्हाराव का सेंसर चल रहा है तो कल ज्योति बसु का? या कि वह लोकतंत्र के विरोधी फ्लॉबेयर और ऑर्तेगा इ गास्से की तरह यह मानने लगी है कि राज-काज का संचालन प्रबुद्ध विद्वत् समाज को सौंप देना चाहिए? इस विद्वत् सभा का चुनाव कौन करेगा?

इसमें संदेह नहीं कि अपमार्केट के नाम पर मास मीडिया अपसंस्कृति का प्रचार-प्रसार कर रहा है, लेकिन उससे निपटने के लिए पुरातनपंथियों का 'सत्यं शिवं सुंदरं' का मंत्र जितना नाकाफी है, उतना ही नाकाफी है आधुनिकता क्रांतिकारिता का फ्रॉयडं-मार्क्स-अवां गार्दम् का जाप। कोकाकोला कल्चर से लड़ने के लिए उस आधुनिक यूरोपीय जीवनदर्शन को हथियार नहीं बनाया जा सकता, जो स्वयं कोकाकोला कल्चर का जीवनदाता है। किंतु साथ ही उससे लड़ने के लिए सामंती अतीत में भी लौटा नहीं जा सकता। तो किया क्या जा सकता है? शायद केवल यह आशा कि बाजारू संस्कृति को देनेवाली वह बाजार अर्थव्यवस्था, जो एक विद्वान् के अनुसार लोकतंत्र का आभूषण नहीं, आत्महत्या का औजार है, लोक द्वारा उसी तरह अस्वीकार कर दी जाएगी, जिस तरह सर्वहारा की तानाशाही अस्वीकार कर दी गई। व्यक्ति-केंद्रित पश्चिमी चिंतन की जगह कोई समष्टि केंद्रित और समग्रतावादी जीवन-दर्शन उभरेगा और मास मीडिया की मेहरबानी से उसे विश्वव्यापी स्वीकृति मिलेगी।

(साभार : दीवान-ए-सराय 01, संपादक रविकांत)

□

जीवन-वृत्त

1. जन्म : 9 अगस्त, 1933, अजमेर (राजस्थान)।
2. शिक्षा : 1951 में लखनऊ विश्वविद्यालय से बी.एस-सी.
3. 1951-53 के दौरान मुक्तेश्वर के एक विद्यालय में कुछ दिन अध्यापन और लखनऊ में क्लर्क की नौकरी।
4. 1953 में बेहतर भविष्य की तलाश में दिल्ली आए।
5. 1953-1959 के दौरान वे आकाशवाणी में संविदा के आधार पर पहले अनुवादक और फिर उप-संपादक के रूप में काम करते रहे और स्वतंत्र-लेखन।
6. 1959 में भारतीय सूचना सेवा में प्रथम श्रेणी के अधिकारी के रूप में चयनित और फिल्म्स डिवीजन, मुंबई में काम किया।
7. 1963 में हिंदी की पहली समाचार-पत्रिका 'दिनमान' में अज्ञेय के संपादन में काम करने के लिए सरकारी नौकरी से इस्तीफा दे दिया।
8. 1967 में 'साप्ताहिक हिंदुस्तान' के संपादक बने। 1982 तक वे इस पत्रिका के संपादक रहे।
9. 1982-84 में हिंदुस्तान टाइम्स समूह के अंग्रेजी साप्ताहिक 'वीक एंड रिव्यू' का संपादन।
10. 1984 में भारतीय टेलीविजन के पहले सोप-ऑपेरा 'हमलोग' का लेखन।
11. 1997 तक भारतीय टेलीविजन के लिए 'बुनियाद', 'मुंगेरी लाल के हसीन सपने', 'कक्काजी कहिन', 'हमराही', 'जमीन आसमान', 'गाथा' जैसे धारावाहिकों का लेखन किया। इसी दौरान 'भ्रष्टाचार', 'पापा कहते हैं'

नामक फीचर फिल्मों के लिए पटकथा एवं संवाद-लेखन।

12. कमल हासन की फिल्मों 'अप्पू राजा', 'मेयर साहब' के हिंदी भाषा में रूपांतरण (डबिंग) का काम किया।
13. कमल हासन की प्रसिद्ध फिल्म 'हे राम!' के लिए संवाद-लेखन।
14. **पुरस्कार**—टेलीविजन धारावाहिक लेखन के लिए दो बार 'अपट्रॉन पुरस्कार', टेलीविजन लेखन की सेवाओं के लिए ओनिडा पिनेकल लाइफ टाइम अचीवमेंट पुरस्कार।
15. उपन्यास 'क्याप' के लिए 2005 का साहित्य अकादमी पुरस्कार।
16. साहित्य-लेखन के लिए 'शलाका सम्मान', 1986-87।
17. व्यंग्य-लेखन के लिए व्यंग्यश्री पुरस्कार-2000।
18. 30 मार्च, 2006 को नई दिल्ली में निधन।

प्रकाशित पुस्तकें

उपन्यास : कुरु-कुरु स्वाहा, कसप, हरिया हरक्यूलीज की हैरानी, हमजाद, क्याप, टटा प्रोफेसर, कौन हूँ मैं (मरणोपरांत प्रकाशित)।

कहानी-संग्रह : एक दुर्लभ व्यक्तित्व, कैसे किस्सागो, मंदिर घाट की पैड़ियाँ

निबंध संग्रह : इक्कीसवीं सदी, आज का समाज

सिनेमा : पटकथा लेखन—एक परिचय

व्यंग्य-संग्रह : नेताजी कहिन, उस देश का यारो क्या कहना

विविध : बातों-बातों में।

□□□